Нить

Евразийский литературный сборник
Том 5

Лондон
Hertfordshire Ptress
2021

Издательство Hertfordshire Press Ltd © 2021
e-mail: publisher@hertfordshirepress.com
www.hertfordshirepress.com

По заказу Евразийской Творческой Гильдии, Лондон

**Евразийский литературный сборник
Том 5**

Язык издания: Русский

Составитель: Ольга Митакович
Обложка: Tithi Luadthong (grandfailure)

All rights reserved. No part of this book may be reprinted or reproduced or utilised in any form or by any electronic, mechanical, or other means, now known or hereafter invented, including photocopying and recording, or in any information storage or retrieval system, without permission in writing from the publishers.

British Library Catalogue in Publication Data
A catalogue record for this book is available from the British Library
Library of Congress in Publication Data
A catalogue record for this book has been requested

ISBN: 978-1-913356-38-5

СОДЕРЖАНИЕ

ЛУСИНЕ АЛЕКСАНЯН	7
АЛИСА АЛЬТА	10
АМАНИ АМАНГЕЛДИНА	28
ЕЛЕНА АНАНЬЕВА	33
ЕЛЕНА АСЛАНЯН	37
ЕЛЕНА БОСЛЕР-ГУСЕВА	41
МАРК БРЫЗГАЛОВ	45
НАДЕЖДА ДОРОНИНА	49
НАРГИСА КАРАСАРТОВА	52
ВИКТОРИЯ ЛЕВИНА	57
АРКАДИЙ МАР	63
АСТХИК МЕЛИК-КАРАМЯН	67
ЗЕБУНИСО РАСУЛЗАДЕ	71
КИРИЛЛ САЗОНОВ	83
ВЕРА СЫТНИК	88
CATHIE CAYROS	92
ТАТЬЯНА ТРУБНИКОВА	96
ОЛЬГА ЧЕРНИЕНКО	100
ЖАННА ШВЫДКАЯ	107
ЛИДИЯ ЭММАНУИЛОВА	110

4

Дорогие Друзья!

В 2021 году нашему объединению – Евразийской творческой гильдии исполнилось уже пять лет, и мы представляем Вашему вниманию пятое издание литературного сборника «Нить»!

Наш сборник за эти годы объединил произведения семидесяти девяти авторов из девятнадцати стран, и мы надеемся, что он передает единый дух народов Евразии и вносит вклад в культурное взаимообогащение литераторов и формирует уважение к истории и настоящему других стран.

В этом году многие победители и финалисты международного литературного конкурса «Открытая Евразия», ежегодно проводимого Гильдией, решили воспользоваться возможностью найти путь к своему читателю через этот сборник. Кроме того, все наши авторы – члены Гильдии, активные участники ее проектов и советов, и, несомненно, замечательные мастера художественного слова.

Особую радость и гордость для организаторов данного проекта представляет тот факт, что идея, родившаяся в 2018 году у корпоративного члена Гильдии в Республике Беларусь – Ассоциации защиты интеллектуальной собственности «БелБренд» – связать через этот сборник мысли и чувства разных поколений – получает свое воплощение и сегодня. Все больше молодых (и совсем молодых) авторов представляет свое творчество в данном проекте. А в общей сложности, возрастной диапазон наших авторов – от 12 до 94 лет!

Несколько основных серий работ, представленных разными авторами, задали настроение этой книги:
- художественные произведения о жизни, судьбе и чувствах конкретных исторических личностей;
- истории о семьях наших авторов, которые уже хорошо знакомы нашим постоянным читателям;
- произведения в стиле фэнтези, где авторами выражается свой взгляд на нравственные ценности, современное общество и проблемы нашей цивилизации;

- рассказы о братьях наших меньших, о том, как их чувства, личные качества, ценности перекликаются с нашими, человеческими, а порой и даже лучше их.

Надеемся, что рассказы и отрывки из книг наших прекрасных авторов вызовут интерес у читателей, которые обязательно захотят познакомиться с творчеством этих писателей поближе.

Выражаем огромную благодарность Экспертному совету Гильдии «Художественная литература» за содействие в отборе произведений для публикации и рекомендации достойных авторов для участия в сборнике.

Приглашаем Вас насладиться не только фантастическими сюжетами, мыслями, чувствами, мудростью и поучительными семейными историями, но также и красотой слова, стиля, фантазией, юмором и оптимизмом наших авторов!

Ольга Митакович,
администратор проекта,
Член Евразийской творческой гильдии

ЛУСИНЕ АЛЕКСАНЯН

Родилась в сентябре 1991 года в Ереване. Окончила Ереванский государственный медицинский университет. В настоящее время является аспирантом университета, по специальности «челюстнолицевой хирург», автор патента на изобретение в своей области. Проходила обучение и получила квалификацию в нескольких странах Европы. Но не замыкается на своей профессиональной деятельности и занимается литературой. Автор трёх книг о любви. В настоящее время работает над новой книгой – «Пока тебя не было». Принимала участие в нескольких творческих проектах.

ВЕСНА

Просто даже это слово и число на календаре заставляют остепениться, вдохнуть полной грудью, наполниться надеждой, которая успела угаснуть за долгие зимние ночи. Весна 2016 года в Армении началась волшебно. Все как по книжке. Цветущий город, пение возвратившихся птичек, солнце, приятное тепло, красивые люди, успевшие переодеться в весенние платья, туфли и кардиганы. Всепоглощающая любовь и хорошее настроение. Даже недуги как-то сами разглаживались и, решались нерешенные проблемы.

Но, к сожалению, весна наступила не у всех. Несмотря на окружающий цветущий мир, она лишь замечала его оголенные и колючие стороны. Как бы она не старалась, она не могла разделить оптимизм окружающих.

Остатки засохших листьев, кружась, падали на ее балкон. Она, облокотившись о перила, следила за их малейшим движением. До рассвета оставалось не больше часа. Ей не спалось. Было прохладно. Можно сказать, даже холодно. Она вдохнула свежий воздух в ожидании каких-то

изменений. Но ничего не происходило. Внутренняя боль продолжала мучить ее. Она изредка улыбалась, пытаясь обрадоваться весне, новому дню, жизни и скрыть все отрицательные эмоции, но ничего не получалось. Вокруг стояла мертвая тишина. Город не успел пробудиться, чему она была рада больше всего.

Она вспоминала его недавно произнесенные слова: «Мне нужно разобраться в своих чувствах». Последние охлаждали ее тело и сердце больше, чем холодное дуновение мартовского утреннего ветра.

«Я не могу поверить. Такого просто не может быть».

Ее сердце все еще боролось, но разум твердил, что все кончено.

«Лишь бы я могла вырвать все свои чувства и стать холодной, как это утро. Но солнце скоро встанет, холод сменится приятным теплом. Даже холод не вечен».

Листья продолжали падать. Она посмотрела на единственное дерево перед своим балконом. Осень и зима прошли, а некоторые листья изо всех сил продолжали держаться за оголенные ветки. Они засохли, скрючились, потемнели, но продолжали бороться за свое место.

Она улыбнулась. Она была похожа на эти листья. Она держалась за то, что давно отпустило ее. Она изменилась за последние три месяца. Из свежего зеленого листка она превратилась в желтый комок. Он осушил ее, вынув из нее всю жизнь. А ведь она была готова расцвести.

И, несмотря на это, она продолжала держаться за свою засохшую ветку. Хотя ее время давно истекло.

«Что мне делать? Как мне поступить? Продолжать держаться желтым листком или отпустить все и расцвести снова? А вдруг СНОВА не будет? Вдруг мне дан только этот шанс?»

Не находя себе места, она решила отправить ему письмо, которую писала не одну ночь.

«Я не могу больше молчать. Мне надоело молчать. Надоело съедать себя изнутри каждый раз. Надоело смотреть на тебя и не говорить ничего. Когда как в душе у меня бушует ураган.

Я люблю тебя. Обожаю. Болею тобой. Ты у меня в мыслях двадцать четыре часа в сутки. Не удивляйся. Даже во сне ты не даешь мне покоя. Где бы я не была, мысли мои с тобой. Твои руки, ласкающие мое тело, твои губы, страстно целующие меня. Твое тело – когда оно прижимается к моей плоти. Тепло, которое обхватывает меня, стоит тебе хоть чуточку прижаться ко мне. Ты во мне постоянно. Даже когда ты далеко.

Это все не нормально. Я в зависимости от тебя. Ты страшнее табака. Я не могу отказаться от тебя. Бросить. Послать ко всем чертям. Вдохнуть наконец полной грудью. И чтобы во вдохе не оказалось даже частички тебя. Хочу полностью выдохнуть тебя. Если надо, я готова перерезать все свое тело, лишь бы ты вытек из меня с капельками крови. Я готова на все, лишь бы ты ушел. Ушел навсегда. Я не хочу знать тебя. Хочу стереть память, начиная с того дня, когда впервые увидела тебя. Когда с первого взгляда ты вошел в мою жизнь.

С тобой у меня нет слова «нет». Я могу все отменить, лишь бы встретиться с тобой. Я могу про всех забыть, лишь бы быть с тобой. А ты вмещаешь меня только в свое свободное время. Чувствуешь разницу? А я была слепа.

Я ждала от тебя редких, но сладких слов. А ты скупился даже в этом.

Я знаю твое тело в деталях, в миллиметрах. Знаю все твои родинки. Я целовала их не раз. А когда ты был далеко, они не выходили у меня из головы.

Знаю. Я больна на всю голову. Я стала такой беспомощной, сентиментальной, слабой, недооцененной и слабохарактерной с твоим появлением в моей жизни. Я сама не поняла, как дошла до этого. Я не успела остепениться, как в один день стала никем без тебя.

Не пытайся вернуть меня. Я переживу. Со мной все будет в порядке. Время все вылечит. Оно не раз меня лечило. Не раз спасало мне жизнь. Я доверяю ему. Оно всемогуще. В скором времени ты исчезнешь из моей жизни и станешь моей очередной песней. И каждый раз, спев ее, я буду возвращаться в прошлое, в котором оставила тебя. Буду наполняться сначала болью, а со временем – безразличием. А закончив, и вовсе забуду о ее содержании. Ты уже нота, которая с каждым днем становится исписанным листом. Осталось всего ничего. В скором времени ты исчезнешь. Навсегда».

Отправлено.

нить

АЛИСА АЛЬТА

Белорусская писательница и колумнистка. Её фантастический цикл A.S.Y.L.U.M. – это своеобразная игра с читателем. Каждая повесть – это новое место и время, и изначальные персонажи перевоплощаются в другие личности. Так что читатель не только следит за текущим сюжетом, но и разгадывает, кем является тот или иной персонаж. В пяти очень разных повестях можно найти всё: и приключения, и юмор, и антиутопию, и детектив, и городское фэнтэзи. В 2020 году повесть «Дети Сатурна», рассказывающая о тоталитарном матриархальном обществе, заняла первое место в категории «Перевод» на конкурсе «Открытая Евразия». А двумя годами ранее любовный роман «Стыд орхидеи» вошёл в финал конкурса по категории «Проза».

ДЕТИ САТУРНА
(отрывок из фантастической повести)

Примечание: главная героиня попадает в Ариман – замкнутый город, живущий по очень странным законам. Главой этого места считается Ариматара-Мархур-Здорма, которая породила все сущее. Великая Матерь снабжает своих детей всем необходимым, она же карает даже за плохие мысли о себе. Чем больше Настя, главная героиня, узнает об обычаях и нравах этого места, тем сильнее в ней зреет протест и желание раскрыть глаза жителям Аримана. Особенно с учетом того, что она встречалась с хозяйкой города и знает, что это совершенно обычная женщина, ничем не примечательная. Впрочем, её действия приводят к совершенно непредсказуемым последствиям...

...Конечно, появление девушки вызвало большой переполох на благочестивом собрании; посетители оживлённо перешёптывались между собой, тыкая пальцами в Настю. То и дело слышалось: «это она», «та самая», «пришелец», «живёт у Зашоров»...

Ждали, пока зал не заполнится целиком, ждали долго. Войдя в помещение, Настя подсчитала семнадцать свободных стульев; через сто десять минут (как услужливо подсказали ей наручные часы) пустовало целых пять мест. Наконец, на исходе третьего часа ожидания послышался лёгкий шорох: где-то в глубине зала приотворилась дверь, и на трибуну взошёл пожилой мужчина с лоснящейся, похожей на круглый пирог лысиной. У него были мелкие, но аккуратные черты лица, как будто затерявшиеся на большом, дородном лице. Пухленький, среднего роста, он был облачён в подобие ярко-оранжевой рясы, украшенной золотистыми узорами, которые переливались всеми цветами радуги. На фоне невысоких, бледных и поджарых ариманцев, какие в основном встречались Касьяновой, незнакомец выглядел экзотическим павлином из далёких краёв.

– Это Таурус, – с негодованием пшикнул на девушку Брахт.

Настя, будто зачарованная, смотрела на большую блестящую лысину. Эта ариманская достопримечательность совершенно её загипнотизировала. Девушка представила могильный курган, внутри которого был погребён могущественный лев; героический холм порос легким вереском, средь которого носились серны и газели.

– Пастырь наш, – грозно добавил старец; ему пришлось ущипнуть брюнетку, чтобы в её глазах вместо дурмана миража появился хотя бы проблеск почтения к Таурусу.

Урчи тем временем подошёл к проповеднику и подобострастно начал что-то с ним обсуждать, кивая то и дело на Настю. Пастырь внимательно, точно врач перед сложной операцией, разглядывал девушку; выслушав Урчи до конца, он милостиво кивнул мужчине, и тот радостно замахал Касьяновой, приказывая ей оставаться на месте.

А человек в мантии взошёл на трибуну; он водрузил на специальную подставку книгу в кожаном переплёте, сластолюбиво, как Дон Жуан перед свиданием, причмокнул губами, и окунул свой указательный палец с крупным перстнем в пожелтевшие страницы. Вяло пролистав треть фолианта, он задержался на одной странице. Расправив плечи и лениво размяв шею, пастырь начал вещать:

– О, сыны мои! Насколько хорошо вы усвоили мою последнюю проповедь? Почитали ли вы жён своих, как саму Ариматару-Мархур-Здорму? Любили ли вы дочерей своих, как любит их Великая Матерь? Согрели ли вы всё сущее, приютили ли на груди своей больных и страждущих? Посылали ли вы лучи добра, согревающие небо?

Таурус оторвался от книги и торжественно оглядел свою паству. Его взгляд настороженно задержался на Насте; зал тем временем скандировал радостное «да!».

– Я представлял Великую Матерь сегодня ночью на супружеском ложе! О, какое счастье даровала она нам с женой!

– А я вчера сто шестнадцать раз поцеловал жене ноги!

– Моя грудь стала гораздо больше и мягче!

– Я играл со своими дочками, я был им большой наглой куклой!

Все выкрикивали свои достижения, однако ни у кого не было цели перебить конкурентов. Мужчины слились в радостном экстазе своих свершений; каждый был рад за соседа, все поддерживали друг друга.

– Тише, тише, – удовлетворённо заявил проповедник. – Я вижу, любовь в вашем сердце крепнет с каждым днём. Однако вы забываете о главном уязвимом месте мужчин. Достаточно единожды допустить слабину, заложить в фундамент один гнилой кирпич, и обрушится всё здание. Какой главный порок мужчин?

– Гордыня, – практически хором пробубнели ариманцы.

– Правильно, сыновья мои. Гордыня – ваш главный порок. До тех пор, пока в вас будет оставаться хоть капля надменности, высокомерия, тщеславия, до тех пор я буду бичевать и линчевать вас в своих выступлениях. Ну же, признайтесь мне: кто из вас хотя бы на секунду допускал мысль о том, что он превосходит в чём-либо женщину?

Лес робких рук разросся в зале. Настя плутала по нему взором, заблудившись в этой стройной чаще, и насчитала около сорока человек, чуть меньше половины.

– Невообразимо чудовищно, – покачал головой Таурус. В зале повисла гнетущая тишина. – Хочу напомнить вам, что Святая Прародительница всё видит.

Послышались сдержанные рыдания и всхлипы. Долговязый тощий

блондин с всклокоченной шевелюрой вскочил с места и истерически завопил.

— Но что мне делать, отче, что делать?! Она сказала какую-то глупость; я всё понимаю, но ясно вижу, что умнее её. Как мне стереть эти мысли из своей головы? Я думаю о том, как я люблю Великую Матерь и как уважаю свою жену денно и нощно, но иногда... Вы понимаете...

Важный, как гусь, пастырь приосанился и хорошо поставленным голосом принялся читать лекцию, которую, видимо, произносил не раз.

— Ты считаешь себя умнее её, сын мой, однако задумывался ли ты о том, какого свойства этот ум? Чего твой ум стоит? Святое солнце! Я объяснял это не раз и не устану повторять до тех пор, пока язык мой не усохнет: ваш ум, сыновья мои, это болезненный нарост на чистом сердце. Он мешает вам любить. Вы мыслите, следовательно, вы анализируете, сравниваете, оцениваете. Легко ли вам любить после этого?

Мужчины с тоской покачали головами.

— Посмотрите на женщину. Предположим, женщина свято бы уверовала, что наука — лучшее, что бывает в жизни, ценила бы только науку и всех тех, кто к ней причастен. Смогла ли бы она любить своего новорождённого сына безусловно, всем сердцем, всей душой своей? Нет, он заинтересует её лишь тогда, когда станет учёным. И куда бы привело человечество этот путь? Я вижу ваш ум, мужчины. Ваш ум — это небесный замок, продуваемый ветрами абстракций. Какие вещи интересовали бы вас, дай вам полную волю? Из чего состоит грязь на улицах Аримана, какой высоты шпиль на Великой башне, почему небо жёлтого цвета. Вы бы только и делали весь день, что мололи языками и бряцали мускулами друг перед другом. Пустые бредни! Женщина же соткана из любви. Женщина рождается там, где ум облагораживается эмоциями. Женское чувство таит в себе мириады спрессованных, сжатых мыслей — интуицию. Женщина может прозревать неведомое; в один миг она поймёт то, на что бы вам потребовалась бесконечная вереница детодней. Если бы мы пришли с культом Святой Прародительницы в какой-нибудь развратный Дейт, мужчины ни за что бы не поверили в нашу дорогую Ариматару-Мархур-Здорму. Женщины бы откликнулись моментально, ведь именно они чувствуют мироздание. Способны ли вы любить, как женщины?

Когда женщина любит, она посвящает себя целиком, всю жизнь свою кладёт на алтарь. Она не в силах даже подумать об измене, она способна тридцать подготовок сидеть на берегу и ждать возвращения возлюбленного. Как любите вы, мужчины? Вы способны увлечься лишь красивой картинкой; если она подкреплена душевным родством – что же, отлично! Если нет – обойдёмся и без этого! И даже в полной гармонии, в полном единении вы способны поддаться обаянию другой.

По залу пронёсся сдержанный, но всё же негодующий ропот.

– Я знаю, сыновья мои, что это не так; вы вышли из чрева Великой Матери, вы наполнены духом её святой любви. Вы почти приблизились по душе своей к женщине, хотя да полной благодати вам ещё далеко. Но что же с теми, кто лишён этой великой радости? Я был в Дейте – и смело могу сказать, что каждый ариманец стоит десяти мужчин этой порочной земли; я был за стенами Кальхинора... Там мужчины способны забыть о ребёнке своём, там способны предать девственную душу, которая принадлежит любимому без остатка, ради пустых развлечений или пары похотливых чёрных глаз. Там мужчины вступают в длительные бесплотные споры, которые ни к чему не ведут. Как петухи, гарцуют они друг перед другом, стараясь прыгнуть выше и заткнуть собеседника за пояс. И даже в этих варварских странах женщины смотрят на это, как на забавы глупых детей. В бесконечном великодушии своём они прощают...

При словах о брошенных детях и несчастных девственницах мужчин охватило самое настоящее бешенство. Они сжимали кулаки и скрипели зубами, будто на оруэлловских двухминутках ненависти, так что Насте на секунду стало страшно сидеть.

– Прекратите, дети мои, прекратите, – сказал Таурус, вполне удовлетворённый. – Вас извиняет то, что вы понимаете это и не стремитесь вознести себя выше небес. Представьте, какими чудовищами вырастают мужчины, которым не читают лекции, указывающие на их истинное место! В нечестивых, несчастных странах, тех, что не были порождены нашей драгоценной Ариматарой-Мархур-Здормой, мужчины, будучи грубыми животными, тешат своё самолюбие тем, что поработили женщин и внушают им, что они – существа второго сорта. С детства их давят, так что девушка даже не может расправить крылья своего ума, забитого, словно робкая птица. А если попробует, её тут же закидают камнями.

Дрожь ужаса и негодования охватила слушателей.

- Да, да, дети мои, - сделал успокаивающий жест пастырь. - Вы чётко видите, как легко перевернуть мир с ног на голову. И это только касаемо социальных законов! Что же должно твориться в головах, сердцах и душах людей, лишённых света божественной Ариматары-Мархур-Здормы? Попробуйте себе вообразить.

Из последовательных ответов испытуемых Настя узнала, что отсутствие знания о Великой Матери сродни мраку глубокого колодца, тёмной ночи души – вечной ночи, куда не проникает ни луча света.

- Правильно, совершенно верно, - вторил ответам Таурус. - А теперь попробуйте представить, сыновья мои, что бы вы сказали такому нечестивцу, если бы он встретился вам на пути? Тише, не все сразу. Давай ты, Пунджо. Выходи на трибуну. Почувствуй себя проповедником.

На помост вышел небольшой человек с крайне непримечательным лицом – лицом настолько невыразительным, что одна эта блёклость мгновенно выделяла его из толпы. Он неуверенно схватился за трибуну, чуть выставил грудь вперёд и начал вещать.

- Женщина лучше мужчины, потому что женщина рожает. Мужчина примитивен. Мужчина - существо, дух которого...Ай, мастер Таурус, я опять ухожу в абстракции!

- Не переживай, Пунджо, не переживай, - водрузил тяжёлую руку на плечо юноши проповедник. - Ты на правильном пути, в твоей голове куда меньше абстрактных мыслей, чем было раньше. Скоро ты будешь мыслить, как совершенная женщина.

- Правда? – просиял громкоговоритель, оттирая кулаком слезу. - Вы действительно так думаете?

- Да. Прекрасную тенденцию я вижу. Помни главное правило: как только промелькнёт у тебя бесплодная мысль, представь Великую Матерь в сердце своём, зажги огонь благодарной сыновней любви к ней, сосредоточься на своём чувстве, и абстракция улетит сама собой. У кого есть вопросы, сыновья мои?

Заколыхался океан вскинутых рук, и Таурус по очереди выбирал, кому ответить. В основном мужчин интересовало, как правильно вести себя

с женщинами в семье, как перестать отвлечённо мыслить, как глубже пропустить чрез себя женский мир, чтобы приблизиться к идеалу Святой Прародительницы. Активно делились и практическим опытом: как навсегда избавиться от волос на теле, какими упражнениями легче увеличить грудь и уменьшить мужское достоинство. В неспешной беседе прошло часа три.

– Все вопросы о том, как ещё больше возлюбить Великую Матерь, мы отложим на следующую лекцию. Потерпите четыре детодня, сыновья мои.

Когда зрители начали потихоньку расходиться, Касьянова незримо приблизилась к проповеднику, который замешкался на трибуне, перечитывая какое-то место из книги. Она тихо тронула Тауруса за локоть.

– А, вы тот самый пришелец, – мгновенно обернулся пастырь, и его улыбка показалась девушке не слишком приветливой. – Как вы находите пребывание в Аримане?

– Мы находим его с трудом, – протянула девушка. – Подумать только, как я жила-то раньше среди этих поганых нечестивцев, которые не знали своё место в доме.

– Не иронизируйте, – задумчиво ответил мужчина. – Это плохо кончится.

– Ну что вы, я недостаточно абстрактно мыслю, чтобы предпринять восхождение на пик иронии. Это вы парите в мире терминов и тонких инсинуаций, как горный орёл. Такой мужественный и такой отвлечённый, ай-яй-яй!

– Вы хотели задать мне какой-либо вопрос?

– Да. Могу ли я посетить Запретный город вторично?

– Естественно. Мы и сами намеревались вызвать вас в Верхний город на аудиенцию. Желаете, я вас сопровожу?

Касьянова желала, и поэтому они с Таурусом, в сопровождении пяти мужчин в латах, быстро затрусили по парапету домов, мельком поглядывая на плетущуюся в грязи паству.

Глава 8. Дурная привычка

В этот раз хозяйка Аримана принимала её в невзрачной комнате, где словно сразились в пляске тёмно-синяя и белая краски, – без единого элемента декора, достойного внимания. Лишь пару картин, будто выведенных робкой рукой ребёнка, торчали на голых стенах. Самая красивая, с сочной невозмутимой ромашкой, стояла под рукой у деловитой блондинки. Ари писала что-то, и, когда Настя показалась на пороге, быстро кивнула и продолжила широкими размашистыми движениями пытать бумагу. Касьянова прождала её с полчаса.

– Как твои дела, Настенька? – наконец спросила женщина, с лёгкой улыбкой откидываясь на спинку кресла. – Да что же ты? Присаживайся.

– Даже и неловко как-то стоять в вашем присутствии, Ариматара... Простите, я обязательно выучу.

– Ну что ты, – ещё шире улыбнулась блондинка. – Не надо плодить формальности. Мы же друзья. Зови меня Ари, как и прежде. Хотя мне и приятно, не скрою.

Касьянова откашлялась и осторожно присела на шаткий стульчик, стоящий напротив.

– Да что же ты как неродная сидишь? Трепещешь перед начальством? Правильно, трепещи.

Улыбки Ариматары с каждым разом становились всё приятнее.

– Как не трепещать? Вы, говорят, все мои мысли знаете.

– Правильно говорят, – хитро усмехнулась блондинка, засовывая бумаги куда-то в стол и доставая оттуда внушительную коричневую тетрадь.

– И о чём я подумала перед тем, как войти в ваш кабинет?

– Подай мне, пожалуйста, вон ту вазу. Да, эту.

Настя потянулась за вазой с листьями папоротника.

– Как тебе живётся у Зашоров? – пытливо продолжила властительница города.

– О, Зашоры – прекрасные люди! Очень тёплые, душевные. Замечательная атмосфера в семье царит. Правда, я уже начинаю скучать. Единственным выходом из этого всего мне видится любовь к Великой Матери, но я, к сожалению, крайне неблагодарная дочь.

– А они меня любят? – спросила Ари совершенно равнодушно, быстро перелистывая тетрадь.

– Ох! Только о вас и говорят, только о вас и думают. Я не знаю, право,

на что им мозг и речевой аппарат.

– Прекрасно, прекрасно, – расслабленно протянула женщина, ещё быстрее пролистывая непослушные листы. – Надо будет как-нибудь их навестить.

– Навестить? Лично? Вы что, не травмируйте население. У них сердце от счастья разорвётся.

– Да ладно тебе, – кокетливо махнула рукой блондинка, обнажая прелестные жемчужные зубки. – Я обожаю своих подданых. Иначе я не была бы эффективным управленцем. О чём вы говорили?

– О вас. Вы породили мир, вы читаете в сердцах и душах, вы экзальтация мировой доброты и скорби. Если бы все верующие в моём мире так же любили Иисуса, зло было бы окончательно разбито.

– Хорошо. Ты им что-нибудь рассказывала?

– Нет. Я имею глупейшую привычку держать свои обещания.

– Отлично. Имей её и дальше. Это всё?

– Да, если вы настаиваете…

Настя, застигнутая врасплох резким окончанием беседы, не нашла, что ещё добавить: вылетела из головы её домашняя заготовка. Ариматара небрежно махнула рукой, и девушка как будто автоматически вымелась вон из кабинета.

Глава 9. Великая праведница

За считанные дни с того момента, как Настя поселилась у Зашоров, город встал на уши. Ещё бы: пришелец – и в доме простых смертных! Трезвон стоял чудовищный. Одно время на подходах к дому, приютившему пленницу, стоял затор из любопытных. Элайла отказала в приёме всем желающим, так что почти круглосуточно в окнах торчали любопытные мордашки, от которых пришлось пошить шторы. Хотя хозяйка дома чувствовала себя польщённой вниманием горожан, она видела, какой дискомфорт причиняет Настасье роль цирковой обезьянки. Совсем удержаться от звёздного ореола было сложно: женщина частенько выходила на улицу, чтобы погорланить с кумушками. На положении лиц, приближённых к знаменитости, оказались не только Зашоры, но и Зашорчики; каждый вещал друзьям свою версию образа гостьи. Таким образом ариманцы узнали, что девушка происходит из безбожной страны, поэтому сердце её черно и не согрето теплом любви Ариматары-Мархур-Здормы; что Касьянова осознает чёрную бездну, в которую её сбросил злой рок, лежит на дне ущелья, ползая и взывая о помощи.

[...Однажды вечером семья собирается вместе, чтобы лепить поделки из странного вещества, которое называется тихми. Настя понимает, что из этой субстанции состоит всё, что есть в доме. Тихми можно перерабатывать бесконечно, получая из неё всё, что угодно. Девушка голодна, причём давно, но никто не собирается её кормить].

- Макса! - завопил Дижон, тыкая пальцем в потолок. Там возникло нечто наподобие сильного свечения; вскоре в потолке образовалась прозрачная дыра, как будто кто-то поскрёб его ластиком и сделал видимым небо. Мерцание усилилось; к полу направился неустойчивый луч света, и когда он исчез, то рядом с сидящими образовалось такое же тихми, только более свежее, горячее.

- О-хо-хо! - радостно захлопотала Элайла. - А вот и еда подоспела! Ну что, дорогие мои, чем будем сегодня ужинать?

Дети счастливо запрыгали вокруг праздничной посылки. Из-за гула и гама не было слышно ничего. Только Брахт остался на своём месте и грозно созерцал пополнение в семействе.

- Мне кажется, - тихо спросила старика Касьянова, - или это точно такая же смесь, с которой мы возимся?

- Это тихми, посланное Великой Матерью нашей, прародительницей всего сущего, в благодарность за нашу любовь и почитание. Слава прекрасной Ариматаре-Мархур-Здорме!

- Слава! - с готовностью откликнулась вся семья, растаскивая тихми по специальным уголкам на кухне.

Только лопатки, дощечки и коробки, защищённые странноватым покрытием с металлическим отливом, не поглощались от прикосновения к тихми.

- Великая Матерь всё видит! - воскликнула Умини, утирая слезу. - Она знала, что нам нечем кормить гостя; и вот, такой щедрый дар...

- Однако эта Великая Матерь подсовывает вам синтетические смеси, а молочко бережёт для себя, - прошептала Касьянова настолько тихо,

что это было слышно лишь ей самой.

— Ариматара-Мархур-Здорма хочет, чтобы я рос здоровым, — деловито сообщил Дижон, обнимая мать за талию.

— Конечно, сынок, — нежно потрепала его по волосам Элайла.

— Можно у вас кое-что спросить? — нетвёрдым голосом поинтересовалась Настя. — Если вы в любой момент могли переработать тихми, чтобы получить еду, зачем вы морили меня голодом?

— Ну что ты, родная! — с паникой в голосе всплеснула руками Дженита.

— Мы не знали, что ты действительно голодаешь! Если бы ты сказала...

— Просто понимаешь, милая, свежий дар Ариматары-Мархур-Здормы куда ценнее и приятнее, чем заскорузлый и старый, — начал поспешно объяснять Урчи. — Великое оскорбление — отказать Святой Прародительнице, когда она преподносит божественные дары. Мы приблизительно знаем, когда должен настать этот благословенный час, поэтому в его преддверии стараемся лишний раз не набивать желудок, чтобы не оказаться в этот момент сытыми. Лёгкое состояние голода в такие моменты нам привычно; мы даже и не думали, что кому-то это может причинять неудобства. Мы совсем не подумали! Прости, доченька.

Зашоры были действительно озабочены этой проблемой. От их скорбных взглядов Насте сделалось не по себе, и девушка попыталась скорее утешить сострадательное семейство.

Все разом кинулись хлопотать на кухне. Здесь располагались самые разнообразные ёмкости: был небольшой красный ромб, было нечто грязно-фиолетовое, походившее на спятившего морского ежа; был мягкий салатовый шар и длинная прозрачная спица. Всего контейнеров было шестнадцать; в каждый из них особым образом помещалось тихми, давая на выходе смеси разнообразных цветов и консистенций. Через несколько часов был готов отборнейший ужин. По правде говоря, всё это можно было сотворить за час, но жители домика не особенно и торопились: движения их были плавны, размеренны, они часто прерывались, чтобы отдохнуть, посидеть, поболтать друг с другом, а то и вовсе уйти к себе, на этаж выше.

В процессе разговора с Урчи брюнетка выяснила, что при перегонке тихми из застывшего предмета в чистый экстракт N-ная часть массы неизменно теряется. Это отчасти служило причиной того, что в расход стремились отдавать тихми свежее.

Большой стол, который выкатили в центр первого этажа, поражал воображение разнообразием закусок. Здесь было тёмно-зелёное пупырчатое блюдо, похожее на хвост взбунтовавшегося крокодила; здесь были маленькие жёлтые шарики, колючие, с ощетинившимися иглами, беззаботно порхавшие по столу; здесь был густой, похожий на сопли пудинг, где можно было наблюдать плавные переходы всех оттенков синего. Много было и другого. Настя первым делом попробовало первое блюдо; осторожно пережевав, она нашла его похожим на горький шоколад с привкусом тмина. О жёлтые шарики Касьянова боялась уколоться, хотя дети беспечно ловили их и запихивали в рот. После долгих уговоров девушка окунула палец в подозрительный пудинг и нашла его беспрецедентно нежным, обволакивающим сливочным вкусом.

В весёлых разговорах летело время. Настя, хоть и сторонилась пустых бесед, постепенно включилась в это беззаботное действо, оттаяла и заразилась радостью окружающих.

Послышался стук в дверь. Элайла стрельнула глазами в Дижона, и карапуз кинулся открывать незваному гостю. На пороге стояла Ари.

Она была весела и довольна, одета скромно, но изящно, как будто к празднику: светло-серое пальто доходило до колена, небесно-голубой берет и пепельного оттенка шарфик прекрасно оттеняли искрящиеся торжеством глаза. На секунду Касьянова поддалась иллюзии, что перед ней стоит парижанка с Елисейских полей.

– Добрый день, – сказала блондинка. – Я слышала, в ваш дом была спущена тихми?

– Мама! – с восторгом завопил мальчик. – Таила пришла!

Настя застыла на месте, словно прикованная. Окружающие, наоборот, оживились ещё больше. Дети радостно заёрзали на стульях, а взрослые засуетились, накрывая на стол для неожиданного гостя.

– Заходи, доченька, – нежно запричитала Элайла, чуть не задушив посетительницу в объятиях. Её примеру последовали и Дженита с Умини; дети же облепили Ариматару разом. – Да, великое счастье случилось в нашем доме. Святая Прародительница, в великой любви своей, обратила

на наш дом своё всевидящее око. Как видишь, у нас тут пир горой.

Ари сдержанно, но с приятной улыбкой поприветствовала всех и уселась на любезно предоставленный стул, не сняв ни пальто, ни берет. Она, видимо, шла по парапету, потому что осталась практически не тронутой грязью. Блондинка из вежливости попробовала маленький коричневый кубик и больше к еде не притронулась.

– Смотри, родная, какое у нас счастье! – Элайла, утирая слёзы, достала из-под кровати письмо из Верхнего города. – Эту гостью, иноземку, поручили именно нам! Ты видишь? Это бумага из Запретного города… Быть может, сама Ариматара-Мархур-Здорма краем платья касалась её.

– Великая Матерь видит, кто почитает её больше всего, и справедливо распределяет свои дары и кары, – трепетно присоединился Урчи.

Дженита метнула в него грозный взгляд, и он поспешил сникнуть и потухнуть.

– Вижу, – ответила Ари, взяв в руки листок.

– Вы представите меня вашей очаровательной гостье? – протяжно спросила Настя, скрещивая ладони перед собой и склоняя голову на бок.

– Конечно, родная, – спохватилась Элайла. – Это Таила, внучатая племянница нашего мастера Юдо. Ты бы только видела этого Юдо! Мохнатый, косматый, но как филигранно изготавливает миниатюрные матки!

– Такие сладкие! – восторженно встряла Гаяра, с трудом выговаривая слова из-за обилия еды во рту. – Вкуснота!

– Лучшее лакомство к чаю! – подхватил Урчи.

– Чай пьют в Злых землях, дурень! – гневно прикрикнула Дженита. – Пора отучать Настю от мыслей о нечестивых напитках, убивающих почтение к Ариматаре-Мархур-Здорме.

– Я только хотел, чтобы ей было понятнее… – моментально сник мужчина.

Элайла продолжила так, будто бы Урчи ничего не говорил. Порою она обращала на его слова не больше внимания, чем правитель мира на жужжащую рядом муху.

– Наша гостья из великой семьи праведников, Тартанов. Это был первый род, который произвела на свет всеблагая Ариматара-Мархур-Здорма; как первенцы, они получили самый мощный заряд её любви. Дом их плодовит, как гигантская матка. Они могли бы жить в Запретном городе, но решили спуститься к нам, вниз, чтобы учить правильной жизни. Какое везение, что они так заботятся о непутёвых братьях и сёстрах своих!.. Даже чертами Таила приближается к Великой Матери; такое счастье, когда малышка заходит к нам в гости! Как солнышко она нам сияет, всё вокруг освещает.

В порыве чувств Элайла смела блондинку в объятия; детишки Зашоров начали по очереди виснуть на маленькой гостье.

– Действительно, есть между ними что-то общее, – сдержанно ответила Касьянова, принимаясь жевать нечто наподобие салата из морковки по-корейски, только синего цвета. – Боюсь даже представить, какая сильная любовь к Великой Матери живёт в её сердце.

– Ты правильно всё поняла! – воспрянула духом Дженита. – Наша Таила – почти святая. Видишь, она ходит не по дороге, а по парапету; это значит, она всегда думает об Ариматаре-Мархур-Здорме хорошо, поэтому ей нет нужды смывать с себя хадан.

Ари сидела молча, подобравшись, будто охотник в засаде. Она смотрела прямо на Настю, почти не открывая глаз, и только иногда окидывала присутствующих тем испытующим взглядом, который Касьянова называла «себе на уме».

– А Настя смывает с себя хадан? – тихо обратилась блондинка к Элайле.

– Нет, ну что ты, – просияла женщина. – Наша гостья любит Святую Прародительницу больше всех, хотя и чужеземка. Она шлёт благословения Ариматаре-Мархур-Здорме день и ночь; могу представить, как счастлива Настя очутиться после всех кошмаров Иных земель в нашем Аримане, будто в блаженной вагине. Конечно, она видит, какой прекрасный мир породила Великая Мать, и шлёт ей хвалы каждую секунду.

Малыш Дижон тихо вскрикнул и побежал в закуток дома, где стояла кадка с водой. Блондинка молча наблюдала за ним, не сводя немигающего, как у змеи, взгляда.

– Нисколько, – фыркнула Касьянова, иронично сверкнув глазами, словно веселящее шампанское ударило ей в голову. – Могу сказать больше: я проклинаю тот день, когда Ари-как-её-там ударили гормоны в

голову и ей захотелось поупражняться в искусстве размножения. Между прочим, её матка должна быть воистину чудовищных размеров, раз её хватило на город с площадью около тридцати квадратных километров и населением под десять тысяч человек, если я правильно прикинула. Каким образом это стало возможно? То ли у неё овуляция наступает каждые три секунды – а это попахивает аномалией чернобыльского типа то ли срок вынашивания зародышей у неё, как у лягушки, а это вряд ли можно считать комплиментом по отношению к её созданиям. Боюсь, я бы не хотела являться дочерью отупевшего от родов, измученного существа. В любом случае, вопрос о её половых партнёрах остаётся открытым. Кто-нибудь слышал о нашем Великом Отце? Не очень-то уютно чувствовать себя бастардом.

Едва только Касьянова начала эту речь, всё достопочтенное семейство застыло, превратившись в соляные столпы. Охваченный пароксизмом ужаса, Урчи не мог даже дышать; наконец, когда девушка закончила, он с воплем бросился за дверь и с головой нырнул в дорожную грязь. Иксит колотила нервная дрожь, и девочка с тупым упорством скребла своё тело, срывая одежду. Остальные с криками той или иной степени паники носились по дому, обрушивая на себя кадки с водой и пытаясь найти хоть что-нибудь, что можно было бы почистить.

В негодовании Брахт даже не подумал избавиться от скверны; подобный огненному шару, раскалённому яростью, он подлетел к Насте и швырнул её об пол.

– Ума совсем лишилась, дура?! – яростно вопил старик, пиная девушку ногами. – Коль умереть решила – не стыдись. Ты придуши себя иль захлебнись в густейшей грязи Аримана. На нас не вызывай смертельный гнев Великой Матери, не смей! О детях ты подумала, убийца?

– Мне кажется, – прошепелявила Касьянова, отползая от ударов старика, – что в кодексе вашей Матери должны быть предусмотрены квоты для спасения заблудших душ. Скажем, хорошее подношение часто решает проблему слишком грязной души.

Минут через двадцать страсти улеглись. Зашоры потихоньку возвращались за богатый стол. Гаяра дрожащими руками запихнула упругий фиолетовый шарик себе в рот, быстро пережевала его и проглотила;

остальные не могли притронуться к еде и нервно смотрели в пол. Праздничное настроение было безвозвратно испорчено.

— Я думаю, — с лёгкой улыбкой подбодрила семейство Ариматара, — что слова и мысли чужеземки не имеют для Великой Матери такого же значения, как мысли её детей. Она ведь инородный элемент. Обида, нанесённая ребёнком, — вот самое ужасное для любой матери.

— Святые сосцы, ты права! — зажглась, как лампочка, Дженита. — Ты из великого рода праведников, вы лучше понимаете законы Святой Прародительницы.

— Када Натя танет часью Алимана, она бует любить и думать, как мы, — отважно произнесла крошка Молиона, и все кинулись тискать и поздравлять малышку.

Настя сидела, немного смущенная. Демоны Бодлера завладели её сознанием; знакомо ли вам чувство, любезный читатель, когда странный зуд приглашает вас разбить витрину, налететь с кулаками на беспечно гуляющего прохожего, прыгнуть под проезжающий поезд? Не со злости и не из желания самоубиться, а лишь из холодного любопытства, — посмотреть, что будет.

Так чувствовала себя Касьянова в тот момент; усиленная самодисциплина, контроль над каждым словом приводит порою к самым неожиданным вспышкам. Внутренне её трясло от торжествующего смеха. Не то чтобы девушка сожалела о своём поступке – хотя в другой раз она сгорела бы со стыда – скорее ей было жаль подпорченного праздника.

Урчи всё ещё отмывался после своей вылазки и никак не мог вернуться за стол. А в старушке Умини, этом потухшем факеле, вдруг загорелся огонь. Она сложила дряхлые руки вместе, открыла шепелявый рот и произнесла:

— Когда я была совсем ещё крошкой, Великая Матерь качала мою колыбель, напевая мне небесные песни. Она берегла меня от любой беды и напасти. Однажды я, достигнув возраста подготовки, упала в грязь и чуть не захлебнулась в ней; Ариматара-Мархур-Здорма спасла меня, направив руку моей матери, и та вытащила непутёвое чадо из опасной жижи. Ещё пару минут – и я ушла бы в Небесное лоно. Предлагаю каждому вознести этот тост в честь самой любящей из матерей.

Зашоры сделали возлияние, и Дижон, тихо слушавший разговоры взрослых, загорелся дивным светом, будто радостью из другого мира. Его глаза прозревали нечто, доступное лишь ему одному; так видят ангелов или бесов.

— Однажды я был очень, очень голоден, — заговорил мальчик таким возвышенным тоном, что все сразу притихли. — Тихми должны были раздавать в дочедень, но задержали. И нам было нечего есть. Но я любил Великую Матерь даже больше, чем обычно. И к концу второго детодня мы получили еду!

Настя опрометчиво осушила рюмку с едко-болотной, очень перчёной настойкой с веселящими пузырьками, размяла мышцы шеи и спросила:

— Я так понимаю, вы приблизительно знаете сроки, когда на голову должно свалиться тихми?

— Да, — спокойно ответили все, не чувствуя подвоха.

— Тихми получают все разом?

— Нет, — ответила Ари, задумчиво покручивая тёмный бокал у самого рта. — Волнами.

— Сначала какая-то часть домов, некоторая время спустя — другая, чуть позже — третья, и так далее?

— Да, — подтвердила блондинка.

— То есть, — осторожно произнесла Настя, внимательно заглядывая в глаза Дижона, — вы бы получили тихми в любом случае? Рано или поздно?

— Конечно! — ничтоже сумяшеся воскликнул мальчик. — Если на то есть воля Ариматары-Мархур-Здормы.

— Нет, погоди. Давай разграничим эти понятия. В любом случае или в зависимости от воли Ариматары-Мархур-Здормы?

— В любом случае, в зависимости от воли Ариматары-Мархур-Здормы, — кивнул мальчик.

Касьянова тяжело вздохнула.

— Какая ментальная смелость. Поразительно! Вы, молодой человек, подобны корсару, штурмующему бурлящие воды ментальных морей. Такого рода храбрость редко встречается в наши дни. Всегда меня интересовало, чем вызван данный тип отваги.

— Всегда меня интересовало, чем вызван тип отваги, принятый на Большой Земле, когда хвастун идёт по канату, натянутому над пропастью, - задумчиво вторила ей Ари, глядя в окно.

– Тем, что он и есть канат, - усмехнулась Настя. – И хочет себя превзойти. Впрочем, вряд ли подобная смелость сравнится с храбростью одного из наших правителей, Гаруна-аль-Рашида, который, если верить легендам, любил перевоплощаться в простого купца и разгуливал в таком виде по Багдаду. Чем могло быть вызвано такого рода безумие?

– Желанием убедиться лично, как обстоят дела в государстве, - томно заметила Ари, оторвав, наконец, взгляд от окна и отхлебнув из бокала.

– Не бедствуют ли его подданные, не лгут ли ему шпионы, не скрывают ли от него истинное положение дел. Как ещё помочь своему народу, не вступая с ним в контакт, не выслушивая их чаяния и нужды?

– И как ещё тешить своё самолюбие, не подпитываясь постоянно тем чудовищным раболепием, что косит его народ, словно чума? О, наш халиф был непревзойдённым мазохистом. Являясь эффективным, так сказать, управленцем, он понимал, какой урон невежество наносит человеческой особи. Наблюдение за густой тупостью подданых, несомненно, оставляло шрамы в его душе. И вот, он ходит по улицам Багдада и постоянно бередит свои раны видениями всё новых и новых уродств разума! Незавидная доля, что сказать.

Ари не отрывала от ораторши ехидного, но вместе с тем весёлого и какого-то восхищённого взгляда.

– Если бы почитание власти передавалось воздушно-капельным путём, - тихо заметила она, - это была бы самая чудесная эпидемия на свете. Многие в Вер... в Запретном городе смогли бы наконец-то отдохнуть. Возможно, милая Настенька даже оставила бы свои забавы и перестала бы дразнить тигра, тыкая в его морду горящими углями.

– Возможно, Великая Матерь заскучала бы по шуту, разгоняющему застывшую кровь скучающего правителя.

– О нет, с моими шутами не заскучаешь, - едва слышно усмехнулась блондинка, допивая бокал до дна.

Беседу резюмировала Умини.

– Красиво, - важно, с достоинством сказала она. – Но непонятно.

Раздался лёгкий гомон и гвалт; собрание потонуло в весёлой, переливчатой беседе.

АМАНИ АМАНГЕЛДИНА

Родилась в городе Актобе 19 декабря 2008г в семье инженера и учителя. Амани третий ребенок в семье. Есть старшая сестра Сабина и сестра-близнец Амира. Семья творческая. Все дети увлекаются рисованием, танцами. С пяти лет начала писать небольшие рассказы, которые оформляла в самодельные книжки с иллюстрациями, которые рисовала сама. Когда подросла, стала писать небольшие заметки о том, как прошел ее день. Также с сестрой-близнецом Амирой она постоянно придумывает различные рассказы. В 2020 году заняла второе место в конкурсе «Давай нарисуем сказку!» и работу «Мальчик, изменивший планету» опубликовали в сборнике сказок. В данный момент Амани придумывает различные персонажи – рисует их, а затем описывает их характер, увлечения. Много читает. Имеет много наград за победу в конкурсах рисунков и танцевальных конкурсах. Любит животных, особенно кошек.

ТВОЕ БУДУЩЕЕ ЗАВИСИТ ОТ ТЕБЯ

В городе N жила одна Девочка со своей мамой. Девочке было тринадцать лет, а маме тридцать восемь. Девочка была безответственной и непослушной. А мама была доброй и внимательной.

Однажды, солнечным днем, мама попросила свою дочь отправиться с ней к бабушке, которая жила одна и нуждалась в помощи по уходу за садом.

В этот момент Девочка сидела за телефоном. Она раздраженно ответила своей маме:

– Мама помоги сама, я не хочу ехать в эту дыру (бабушка жила в поселке недалеко от города), там даже нет интернета.

– Дорогая, ты же знаешь, что там много работы. А вместе мы все быстро закончим и вернемся домой, сегодня ночью. И еще я куплю тебе мобильные данные, чтобы ты могла зайти в интернет, когда мы будем ехать на машине, - сказала мама.

Девочка встала и пошла одеваться.

- Я делаю это только ради бабушки, - ответила Девочка.

Они сели в машину и отправились в путь. Они всю дорогу молчали. Мама думала о чем-то своем, а Девочка слушала музыку в наушниках. Молчание прервала мама.

- Мне снова звонила твоя учительница по математике и сказала, что ты плохо учишься, на уроке не выполняешь задания.

- Мам, не лезь в мои дела. Я уже взрослая! Ты мне надоела! Отстань! отреагировала Девочка на мамины слова.

Девочка отвернулась и хотела включить музыку погромче... как вдруг раздался страшный скрип, и она почувствовала, какой-то удар. Их машина вылетела в кювет...

Когда Девочка открыла глаза, она увидела, как в машину скорой помощи заносят ее маму, как люди что-то кричат и бегают. Увидела полицейских. А еще она увидела искореженную машину и огромный перевернутый грузовик.

Девочка ничего не могла понять, к ней подошел врач, он стал все объяснять:

- Вы попали в аварию. Твоя мама без сознания, мы позвонили твоей бабушке она тебя сейчас заберет. Мы тебя осмотрели с тобой все в порядке.

Вскоре приехала бабушка на такси и повезла ее к себе домой. Всю дорогу бабушка утешала Девочку, и сама тихонько плакала. Девочка не слышала ее слова. В ее ушах был звук сирены скорой помощи.

Когда они добрались домой, врач позвонил бабушке. После разговора бабушка сказала:

- Твоя мама в коме, надо надеяться на лучшее.

Девочке стало плохо. Она только сейчас осознала, что произошло. Девочка легла на диван и заснула.

Ее разбудил солнечный луч, который светил ей прямо в глаза. Девочка встала и хотела зашторить занавеску. Она увидела в окне, как бабуш-

ка работает в саду. Сначала она подумала: «Я никогда не буду заниматься такой ерундой, когда вырасту...» Но потом она вспомнила про свою маму и ей стало стыдно.

– Внученька! – донеслось с улицы.

Девочка вышла на крыльцо. Бабушка попросила ее сходить в сарай и принести грабли. Девочка с неохотой направилась за граблями.

В гараже Девочка увидела груду вещей, из которых торчала железка. Чем-то напоминающая грабли. Девочка потянула за железку, и весь хлам развалился в разные стороны. А перед Девочкой стояла машина, похожая на сельский трактор. Девочке стало любопытно, и она залезла в кабину. Стала осматриваться и увидела клочок старой бумаги. Она потянула его. Это был тетрадный листок, на котором было что-то написано. Она стала читать и поняла, что это инструкция от машины времени. И она сидит в этой машине.

Когда она это поняла, то ее радости не было предела, она захотела отправиться в будущее, чтобы узнать кем она станет в будущем и исполнятся ли ее мечты. Но вдруг ее осенило, что она может не встретиться там с мамой. И Девочка приняла решение вернуться в прошлое, а именно в тот злосчастный день, когда случилась авария, из-за которой ее мама лежит в коме.

Она выполнила все манипуляции, которые были в инструкции, закрыла глаза и дернула за рычаг...

Когда она открыла глаза, то увидела, что ничего не изменилось. «Значит это просто трактор», – подумала Девочка и вышла из гаража.

Она увидела, как какая-то девочка, в школьной форме, выкапывает бабушкины розы. Школьница посмотрела на Девочку и сказала:

– Что ты делала в нашем сарае? И кто ты такая?

Потом из дома вышла мама, но она не была похожа на себя. Что-то в ней было не так. Школьница закричала:

– Мама, эта девочка была в нашем сарае!

– Как тебя зовут? – спросила женщина.

Девочка не знала, что ответить. В саду ее бабушки чужая девочка пересаживает цветы. А ее мама-не мама ее не узнает.

– Пригласи незнакомку в дом, попьем чай, и она нам все расскажет, сказала мама-не мама.

Когда Девочка зашла в дом, она поняла, что попала в прошлое. Только немного ошиблась, и оказалась в детстве своей мамы. Которая была школьницей. А мама-не мама была бабушкой.

Девочка была рада такой встрече.

Когда все сели за стол, она сказала, что потерялась и ищет свою маму. Школьница и молодая бабушка стали ее успокаивать и сказали, что пойдут в милицию, и ее маму обязательно найдут. А пока она может пожить у них.

Во время чаепития Девочка ловила себя на мысли, как дружно жили ее бабушка и мама. Какая мама трудолюбивая и отзывчивая (о ее поступках рассказала бабушка). Она делала все вовремя и училась на одни пятерки. А еще они рассказали, как мама чуть не утонула в болоте, и как ее спасли, а один сапог утонул, а другой стоял в углу в тине, как напоминание об осторожности. Но школьница-мама не хотела, чтобы об этом говорили, и все перевели разговор. Девочка вспомнила о своей цели. Ей надо попытаться еще раз вернуться в тот день.

– Я сейчас, на минуточку, – сказала она и побежала в сарай.

Она выполнила все предписания, закрыла глаза и дернула за рычаг...

Девочка открыла глаза и увидела, что она находится возле своего подъезда. Из подъезда вышла мама с сумками. Девочка схватила сумки и поцеловала маму.

– Что с тобой? – спросила мама.

– Я просто рада тебя видеть! – сказала Девочка. – Извини меня, мама, за все.

Мама обняла ее в ответ.

Они сели в машину.

– Мне снова звонила твоя учительница по математике и сказала, что ты плохо учишься, на уроке не выполняешь задания.

– Мамочка, прости, просто математика такая сложная, что я ее не понимаю.

– Хочешь, я объясню тебе? Ведь я всегда училась на отлично.

– Конечно, хочу! – сказала Девочка и заулыбалась.

И вот они подъезжают к этому злосчастному перекрестку...

Из-за поворота, резко вылетает грузовик, но мама его замечает и

притормаживает. Одновременно она дает сигнал водителю грузовика. Он сбросил скорость. Когда машины поравнялись, водитель приложил руку к сердцу в знак извинения. Мама улыбнулась ему в ответ. Девочка тоже заулыбалась.

Когда они приехали к бабушке, то их ждал накрытый стол. Они сели пить чай. И вдруг бабушка сказала:

– Я недавно нашла твой сапог, который был на тебе, когда ты чуть не утонула в болоте.

– А второй сапог утонул в болоте, – сказала Девочка.

– Откуда ты знаешь? – спросили бабушка и мама. – Мы эту историю никому не рассказывали.

– Догадалась, – отшутилась Девочка.

После чаепития все отправились в сад. И бабушка попросила принести Девочку грабли из сарая. В гараже Девочка увидела груду вещей, из которых торчала железка. Чем-то напоминающая грабли. Девочка потянула за железку и весь хлам развалился в разные стороны. А перед Девочкой стояла машина, похожая на сельский трактор. Она залезла в кабину и стала искать инструкцию. Но не нашла ее. Дернула за рычаг – но ничего не произошло. В сарай зашла бабушка.

– Ты так похожа на своего деда, он также любил эти железки и все время проводил в сарае. А потом пропал...

– Бабушка! А разве дед не изобрел машину времени? – спросила Девочка.

– Машину времени? – задумчиво прошептала бабушка. А потом сказала: – Выдумщица, иди отнеси маме грабли, она тебя заждалась.

– Так вот куда пропал мой муж, – пробормотала она.

(Но это уже другая история).

ЕЛЕНА АНАНЬЕВА

Поэт, прозаик, журналист, искусствовед, режиссёр, культуролог. Родилась 20 июля в городе Одессе. Автор двадцати четырех книг, автор-редактор-составитель поэтических антологий «Южное солнце», серии «Писатели XXI столетия. Бриллианты слов», автор более сорока антологий, в том числе на немецком языке. Член Национального союза журналистов Украины с 1978 года, Национального союза писателей Украины, Международной федерации журналистов (IFJ), Международной ассоциации украинских писателей, Писателей XXI Века, Всеукраинского союза писателей-маринистов, почётный член Союза писателей Северной Америки, почётный член Всемирного союза авторов-исполнителей, Союза маринистов г. Одессы. Академик Международной академии русской словесности, Академии ЛИК-ЕПВГ.

ТАЙНА СТЕКЛЯННОГО ОСТРОВА АВИЛЛОН
(фрагмент)

Над избранным младенцем совершается обряд посвящения.

Дана наблюдает с высокой точки зала, где восседает на сверкающем, стеклянном троне. Церемонемейстер управляет командой. Юркие помощники снуют, омывают священной, легкой водой младенца, держат ножки в ванночке, по форме напоминающей остров, вживляют ... персональный чип – программное сообщение с островитянами, готовят процессию к выступлению перед авиллонцами.

Когда главная процедура произошла, Высший голос сообщает:

– Мы приветствуем будущего правителя, достойнейшего из достойных! Мы защитим его во всех широтах! Он станет продвинутее нас, пройдя все испытания! Его мирское имя записано: Олег. Вещий Олег! Он сможет пройти испытания! Всё сбудется!

– О, сбудется!

– Силы природы дадут уверенность и поддержку! К центру движутся подданные, Разумная Дана, выходи, прими их, как подобает!

Перед главным залом оказалась площадка, среди белых, каменных колонн, с вкраплениями эталонов легкой, чистейшей воды, с главным стеклянным троном посредине. Он выполнен мастерами в центральной художественной мастерской. Напоминая сердцевину яблока, обрамляющие высокую спинку кресла, изогнуто-выточенные лепестки, с вкраплениями чистейших капель-семян, чудесны! Напиться воды можно просто положив кусочек минерала в рот, как конфету. Водяные конфеты сейчас раздают всем присутствующим. Они любят воду, прекрасное угощение! С высокой площадки, будто с копии знаменитого «Пупа земли», примыкающего к затерянным землям Арктиса, гостям летят водяные конфеты, мерцающие в воздухе маленькими капельками божественного, данного чистейшей природой нектара.

Внизу, не доходя лестницы к трону, стремятся попасть сюда многочисленные островитяне, в одеждах всего спектра радуги, которая постоянно висит над внутренним океаном. Ленты и плакаты кажутся мелькающими, растекающимися волнами и мостами, вокруг священного места встречи с Даной.

Скандировали жители острова:

«Дана!» «Олаф Нильс!» «Дана!» «Олаф Нильс!» и несли светящиеся фонари, огромные чистейшие капли воды на шестах; вырезанные фигуры животных, обитающих в этих кругах.

– Островитяне, любимые авиллонцы! Мы готовим новую экспедицию на Большую землю, – обратилась к подданым Дана. Рядом на специальном, защищенном со всех сторон резном стуле, восседал священный младенец. Он смотрел заинтересованно и разумно, будто понимая происходящее.

– Мы не можем оставить землян в неведении, без опыта, – продолжает Дана. – Наша высшая, более развитая цивилизация не допустит снова уничтожения цивилизаций. Если им придётся преодолевать препятствия в одиночку, как преодолели предки миллионы лет назад, многое будет потеряно! Мы не допустим этого!

– Не допустим! Не допустим! – раздались отклики в рядах островитян внизу. Они были воспитаны отзывчивыми, способными к преодолению стихийных бедствий. Тренированные на душевность интеллектуалы! Они сразу понимали без лишних слов, чем это может обернуться. Атлантов уже нет. Ушли в неизвестном направлении.

– Природные изменения и необходимость ими управлять во власти человека духовного. От развития духовности зависит будущее! – провозгласил Голос Разума, считывая мысли Даны, пока она наблюдала за шествием сограждан. Высший голос продублировал ответы авиллонцев, фиксируя желания народа на жёсткие диски, которые попадут на вечное хранение в архивы подземного острова.

Трон плавно стал опускаться вниз, к площади, где собрались авиллонцы. В воздухе почувствовался запах озона. Свежестью и скошенной травой повеяло от берега внутреннего океана. Удивительно, но здесь никогда не ходили суда. Только выдолбленные из цельных деревьев баркасы и парусники, сверкающие стеклянными нитями, как всё на острове, парусами.

В отдалении за колонной – двое неизвестных с Янисом, младенцем-близнецом Олафа Нильса! Задуманная операция с другой стороны тоже постепенно продвигалась.

На круглой, как пластинка, словно стеклянной площадке, появились танцоры, идущие плавными кругами, в длинных одеяниях на узких шлейках, с расписными пышными рукавами, в расшитых самоцветами кокошниках, с мерцающими в лучах обожествляемыми каплями воды. Группы, кружащиеся в развевающихся плахтах, шнурованных корсетах, с веночками из живых цветов с лентами, атлантов, волхвов. «Китайцы» в вышитых кимоно с зонтиками, азартные, гибкие циркачи. Воздушные знаки иероглифы зависают энергией вознесения. Далее «Ириш» – ирландская чечетка, передающая сообщения свыше и дальше по всей системе колонн. Выстроенные в зубчатые, как королевская корона, колонны выбивают ритм. Влияющий на общую матрицу. Так издревле заговаривали спящие, седые вулканы, чтобы они не просыпались. Стройные ножки юных островитянок в обтягивающих трико, как тонкие барабанные палочки по вращающейся площадке-барабане, выстукивают мелодию

праздника Единения. Звуки магии.

Играет геометрия AROLO – геометрия кристаллов. «Живой мост – кристальная струна нового Света и прошлого – с алмазами будущего».

Белые морские лошади собирают желающих на другую сторону острова, к старинному храму поклонения Волхвам. Особый ритуал. Так обычно заканчиваются собрания островитян.

Пробираясь назад вблизи с рабочими отсеками инакомыслящих и нарушителей, зафиксированных чипами, Сагитт дернул Тими за рукав, показывая на старика за прозрачными стенами. Он сидел, склонив огромную голову на руки, как Пан, и смотрел на них зазывающе. В руках, как курительная трубка, только гораздо большая, для пускания воздушных пузырей. Так место пребывания обогащалось кислородом. Выпустив большую дозу пузырей, находясь в блестящих воздушных шарах, он, казалось вот-вот взлетит в воздух и улетит. Только куда. Просто так отсюда не выберешься. Пришельцы приблизились.

Старик отодвинул маленькую заслонку. Так можно разговаривать. И приблизился поближе.

– Вижу, вы пришельцы с Большой земли, мне много говорить не нужно, всё вижу, а вам могу многое рассказать… В этом будет спасение.

ЕЛЕНА АСЛАНЯН

Литературный псевдоним Инана. Родилась в 1961 году, имеет высшее техническое образование, инженер-системотехник. Работала по специальности более двадцати пяти лет, с 2000 года серьёзно занимается литературой, профессионально занимается переводами с армянского на русский язык. Лауреат республиканских и международных литературных конкурсов. На международном конкурсе «Открытая Евразия – 2020» удостоена второго места в категории «Проза». Есть у Елены в творческой копилке и победа на Евразийском кинофестивале и третьем Ромфордском кинофестивале (2019 год), где в номинации «Книжный трейлер» её видеоролик к роману «Три двустишия» был признан победителем. Проживает в Армении в городе Ереван, замужем, двое детей. Имеет многочисленные публикации в Армении и за рубежом. Автор четырёх книг и шести сборников, четыре из которых международные.

ПРЕКРАСНАЯ БИБЛИОТЕКАРЬ

Мадам Белла была красавица, и сумела конвертировать свою красоту в жизненный успех: богатый муж, прекрасная должность директора Национальной Библиотеки. Она участвовала в международных конференциях, выбирая те, которые проходили в интересных для неё местах. Организовывала симпозиумы у себя, с улыбкой видя изумление гостей, когда они приходили на экскурсию. Удивляться было чему: прекрасное здание – спецзаказ лучшим архитекторам, с удивительным зимним садом, концертным залом с новым роялем Steinway.

Мадам всё время придумывала разные мероприятия, ей хотелось чувствовать себя Королевой, устраивающей балы у себя во дворце.

Иногда амбиции чиновников оборачиваются пользой для простых людей, количество читателей возрастало из года в год, а Национальная

Библиотека стала любимым местом встреч и времяпровождения горожан.

Однажды Бэлле пришло в голову выявить лучших читателей и организовать для них банкет. На следующий день помощница принесла ей список двадцати самых активных читателей, где также были указаны книги, которые они прочитали за год.

– Инана..., – процедила сквозь зубы мадам Бэлла, просмотрев список и заметив пересечение интересов на одном авторе.

Она откинулась на спинку кресла и постаралась собраться с мыслями.

Через месяц все телеканалы и СМИ рассказывали взахлёб о Банкете Библиофилов, который проводился на деньги «неизвестного» спонсора в самом дорогом уединённом отеле-шато для ВИП-персон, находящемся на острове в двух часах езды от столицы. «Ходите в библиотеки – это очень круто и романтично», – пестрели заголовками посты в соцсетях. Журналисты связывались с участниками банкета, а их число после согласований стало равно десяти, брали у них интервью, расспрашивали о любимых авторах.

«Нравится ли вам смотреть фильмы, снятые по сюжетам прочитанных книг?»

«Читали ли вам сказки на ночь в детстве?»

«Помогает ли чтение книг стать успешным?»

Ответы были потрясающими, неожиданными, с огорошивающими цитатами. Участники Банкета Библиофилов стали настоящими медиа-персонами и все с нетерпением ждали самого Банкета, а самый известный медиа-холдинг купил эксклюзивное право на его освещение.

В назначенный день в два часа дня все участники Банкета Библиофилов собрались около входа в Национальную Библиотеку, где их ждал комфортабельный автобус и приключение началось. Люди с удовольствием общались, им было о чём поговорить. Мадам Бэллы с ними не оказалось, по-видимому, она, как хозяйка, решила встретить своих гостей у входа в шато.

Так и оказалось.

Группу посетителей острова мадам Бэлла встретила в уютном вестибюле шато.

- Добро пожаловать, дамы и господа. Рада видеть вас, проходите, располагайтесь, - сквозь приветливый слова пробивался еле заметный высокомерный тон.

Она с удовлетворением отметила некоторую обескураженность гостей роскошной и изысканной обстановкой. Сама мадам была одета в элегантный деловой костюм, специально выписанный из Парижа, а шею украшало дизайнерское ожерелье из чёрного опала.

На длинном столе стояли канделябры с горящими свечами, у каждого прибора стояла карточка с именем гостя. На столе уже стояли лёгкие закуски, салаты, бесшумно подошли официанты и предложили выбор горячих блюд.

Мадам Бэлла взяла в руки бокал с вином и открыла банкет:

- Дамы и господа, я с гордостью называю себя библиотекарем, и с огромным уважением называю вас библиофилами. Для меня большая радость сидеть с вами за одним столом, и соединить два удовольствия жизни: трапезу с приятной беседой с интересными собеседниками. Вы все разные по интересам, возрасту, литературным предпочтениям, но вы все пересеклись на одном авторе, Инане. Борис, задам вам первому вопрос, так как сидите справа от меня. Вы физик-теоретик, профессор, занимаетесь серьёзными вопросами философии, что такого важного вы нашли в книге Инаны?

- Я отвечу словами моего тёзки, поэта Бориса Пастернака:

Во всем мне хочется дойти

До самой сути.

В работе, в поисках пути,

В сердечной смуте.

- И Инана открыла вам суть?

- Да.

Он замолчал и принялся за салат. Эстафету принял сидящий рядом молодой парень лет двадцати:

- Я должен был написать реферат о величайшей геополитической катастрофе 20 века, и поиск привёл меня к Инане, там я нашёл и ответы, и свидетельства очевидца. И вообще было интересно. Красивая любовь...

- А я всегда интересуюсь новинками, –подхватила беседу элегантная

пожилая дама, – и когда я увидела на стенде новую книгу с обложкой из бирюзы, то сразу именно её выбрала почитать. И не ошиблась, прикосновение к бирюзе всегда соприкосновение с счастьем.

Мадам Бэлла с интересом слушала, всем было что сказать, вспоминали детали, иногда курьёзные ситуации сюжета.

– А вы не хотели бы увидеть автора, познакомиться с ней?

– Нет.

– Нет.

– Нет.

Последним ответил Борис:

– У меня возникла было такая мысль, но – нет. Вдруг она выглядит не так, как я себе уже представил.

Бэлла проронила:

– А я с ней встречалась. Могу рассказать, если хотите.

Над столом повисла пауза.

– Мадам Бэлла, позвольте поднять за вас тост, – поднялся с бокалом в руке маленький старик в старом джемпере, – мой любимый Борхес говорил, что некоторые воображают Рай чем-то наподобие дворца, некоторым он представляется садом. Но благодаря вам жители нашей страны начали представлять рай в виде Библиотеки. За вас, Прекрасная Библиотекарь!

Все поднялись с мест:

– За Прекрасного Библиотекаря!

Мадам Бэлла тоже встала, её губы тронула искренняя и беззащитная улыбка, а глаза подёрнулись влагой.

Глупо завидовать талантливой писательнице, встречи с которой не желают.

Намного лучше быть Прекрасным Библиотекарем!

ЕЛЕНА БОСЛЕР-ГУСЕВА

Директор компании «Premium Group» (Бишкек, Кыргызстан). Председатель Экспертного совета Гильдии по переводу. Переводчик, редактор/ корректор. Увлекается литературой (написание статей, детских рассказов, стихотворений, озвучивание текстов),иностранными языками, живописью, коллекционированием кукол, путешествиями.

ПЕРВОЕ ПУТЕШЕСТВИЕ БРАТЬЕВ БАРСЯТ

– Вот и снова весна! – зажмурившись от ярких, ласкающих солнечных лучей, и растянувшись на огромном валуне у пещеры, наслаждалась Героиня пробуждением природы после зимней спячки.

Воздух уже был наполнен множеством особых звуков и запахов. Здесь, в горах, веками отлаженный природный будильник работает чётко.

– Интересно, как мир пережил эту зиму? Что нового принесёт нам эта весна? – размышляла Героиня, зная, что ей с сыновьями вскоре предстоит покинуть эти места и отправиться в дальний путь. Это будет первое путешествие для братьев барсят.

– Мама, ну вот ты где! Мы повсюду тебя ищем, – подпрыгнув к матери и нежно прикусив её ухо, задорно рявкнул Всезнайка.

– И где же вы были, мои непоседы? – спросила она.

– Мы с Любознайкой ходили на то место, где прошлым летом записы-

вали видеопослание для людей. Мы спустили вниз по тропе, только не нашли там никаких следов... Люди не приходили туда! Что-то случилось у наших друзей, живущих в городах... Нужно скорее пойти и посмотреть, что у них там происходит!

– Послушай, мой дорогой, нам скоро предстоит отправиться в далёкое и нелёгкое путешествие. Нам некогда выяснять, почему люди не вернулись за своими камерами.

– Мама, мы не можем просто так уйти! Ты же сама говорила, что только дружба спасёт красоту этого мира. А люди – наши друзья! Пойдём же, посмотрим!

– Нет, сынок! Это опасно! Зимой я спускалась в деревню и краем уха слышала взволнованные разговоры людей о какой-то короне. Наверное, её носит какое-то страшное чудовище, потому что люди даже днём боятся выходить на улицу.

– Я же тебе говорил, что что-то случилось! Нельзя терять ни минуты! Немедленно отправляемся в путь! Мрр, Любознайка, спускайся к нам! Мы идём в гости к нашим друзьям!

– Вот, здорово! Я люблю приключения!

– А ещё я вдруг вспомнил, как ты нам рассказывала разные истории. В одной из них говорилось, что если человек увидит барса – будет ему счастье и удача.

– Верно, не раз барсы помогали людям в разных ситуациях. Ладно, будь по-вашему, завтра вы впервые увидите людей, – с нескрываемым волнением произнесла мать. Она предчувствовала, что внизу их ждёт масса неожиданностей и путешествие через перевал в далёкий Казахстан придётся отложить на следующий год.

С первыми лучами солнца Героиня с двумя своими отважными героями в барских мантиях отправились разузнать, что же происходит у их друзей в городах. Чутьё её не подвело. Чем ниже они спускались, тем отчётливее в воздухе чувствовался запах страха и отчаяния.

– Мама, мы уже много часов в дороге и до сих пор не встретили ни одного человека, – прервал общее молчание Всезнайка. – Похоже, что это проделки чудища в короне.

– Какого ещё чудища? - поинтересовался Любознайка, всегда любивший что-то новенькое, но на этот раз упустивший главную причину их визита к людям.

– Скоро будем на месте, сам всё увидишь! – ответил брату Всезнайка, не желающий продолжать разговор.

Ни на узких горных тропах, ни на широких дорогах не встретили они следов человека. Повсюду царило молчание, изредка прерываемое плачем. Бродя по совсем недавно шумевшим и дымившим городам, они, будто в магазине игрушек, наблюдали за людьми через окна больших и маленьких

домов.

– Мама, а почему они все закрыты? – спросил Любознайка. – Почему не выходят? На улице же так хорошо!

– Ты что, не видишь? Они боятся, – повернувшись к брату ответил Всезнайка.

– Чего?

– Чудища в короне!

– Какого чудища? Я никого не вижу?

– А ты его и не увидишь, – вмещалась в разговор мать. – Оно такое маленькое, что обычным глазом его не видно, но злее существа я ещё не видела.

– Вот бы мечом пронзить насквозь этого врага! – готовый к бою заявил Всезнайка.

– Нет такого меча, способного уничтожить зло! А луч добра – проверенное средство от всех напастей! – уверенно заявила Героиня.

День сменял ночь, а барсы без устали с гордо поднятой головой ходили по городам и сёлам. Сначала дети, а потом и взрослые, замечая их через окна, махали им и радостно выбегали на улицу. А старые люди говорили, что сами хозяева гор пришли им на помощь, и теперь всё будет хорошо.

– Ну наконец-то! Мама, смотри, они нас приветствуют! – с восторгом забасил Всезнайка.

– Вот они, оказывается, какие, наши друзья люди, – удивлённо промурлыкал Любознайка. – Их так много, и они такие разные! Как же здорово иметь много друзей! Мама была права, дружба спасёт этот мир!

– Ну всё, мои дорогие! У людей теперь начнётся новая жизнь, а нам пора возвращаться домой, – посмотрев на заснеженные пики ласково сказала своим отважным сыновьям мать. – Горы ждут нас!

– До свидания, люди!
– До новых встреч, друзья!

МАРК БРЫЗГАЛОВ

Родился 5 июня 1975 года. В 1991 году закончил среднюю школу №1 города Березовского. Окончил Омский финансовый техникум по специальности «финансист», Кузбасский государственный технический университет по специальности «Организация перевозок и управление на автомобильном транспорте». Работал на инженерных и руководящих должностях в органах Министерства юстиции. В настоящее время работает директором финансово-строительной компании. Женат, дочь – студентка РАНХИГС (г. Москва). Увлекается историей России, член Российского союза писателей, эксперт Агентства стратегических инициатив, принимает участие в православном волонтерском движении. Любит путешествия. Его компания ООО «Проминновации» активно развивает инновационную составляющую, является участником реестра Национальной технологической инициативы, резидентом Фонда Сколково, резидентом Кузбасского технопарка, участником кластера «Комплексная переработка угля и техногенных отходов», участником национальной технологической платформы.

СОБАЧНИЦА

Крепкий кирпичный дом, оштукатуренный и аккуратно побеленный, с чистым свежеокрашенным крыльцом, резными строгими наличниками и зеленым забором как магнитом притягивал к себе. Не столько он, как его обитатели. Баба Надя и деда Костя.

Деда Костя, седой ветеран, начинал пехотинцем, прошел всю войну, два раза горел в танке, выжил, был контужен. Два раза родные получали на него похоронки. Уже и оплакать успели, а мать не верила и ждала. Когда пришел – это был настоящий праздник, Светлый, Теплый, Летний каких мало. Как же по-другому – этой минутой и жили всю войну. Вери-

ли – будет и на нашей улице праздник.

Когда собрались в доме родителей односельчане, как принято, пошли рассказы о жизни, о войне, вернувшихся фронтовиков, мать долго слушала, а потом тихо сказала:

– Вымолила у Бога тебя я.

После революции, в 30-е в селе закрыли церковь, а война началась, в соседнем селе открыли храм и разрешили Богослужения. Так она туда стала ходить, десять километров туда, десять обратно. Пешком. И в летний зной, и в лютую стужу. А утром на работу.

Живет в русском сердце жажда справедливости, помноженная на терпение и смекалку и жажда эта – согнет любого супостата в бараний рог. И...– милосердие живет. Вот – тетка Ефросинья, вечная труженица, мужа и пятерых сыновей забрала у нее война. Одна осталась она на всем белом свете. Старики рассказывали, когда на последнего, на младшего похоронку получила, так завыла, жутко, до мурашек, до холодка за спиной. На другом конце села слышно было. Без слов понятно – горе. А когда после войны гнали на восток пленных немцев, зеленых совсем, наварила картошки отнесла им. Их же тоже ждут матери дома, пусть хоть они вернуться... Откуда силы брались.

Был весенний перестроечный день, каких много. В тот день я уставший и слегка измотанный возвращался со школы. Баба Надя, (всегда, сколько помню себя, доброжелательная и отзывчивая), выходила на улицу, отворив калитку.

Дружный собачий лай огласил всю округу, оповещая о выходе из дома своей хозяйки. Сколько их было? Двадцать, тридцать или еще больше, не знаю, но точно – много.

– Баба Надя, зачем ты их всех к себе собираешь. Все понимаю, любовь к братьям нашим меньшим – никто не отменял. Ладно, ну одну, ну максимум две. Зачем столько-то? – спросил я. – Ведь с соседями вечные проблемы, Пашинины регулярно жалобы пишут, у них обоняние страдает от собачьих ароматов. За глаза собачницей называют.

Бабушка улыбнулась своей всегдашней улыбкой. Мудрой и понимающей. Спокойно от такой улыбки на душе, мирно и радостно.

– Знаешь, я когда вот такой как ты была, война началась. А жили мы в Ленинграде. Когда стало совсем тяжко, родители отправили меня в сельскую местность к родным. Тогда казалось, что там больше шансов выжить. Папа свой паек отдавал мне, а когда не брала, говорил, что не голоден и их кормят от пуза на работе. При этом поглаживал вздувшийся от голода живот. За день до моей отправки он улыбался и развлекал нас с мамой, играя на старом немецком пианино. Он все извинялся, что оно расстроено. Старался шутить. Это я потом после войны узнала, что папа через три дня умер от голода.

Привезли меня, а родных дома не оказалось. Оставили в хате, пододвинули ведро с водой и все. Дверь закрывать не стали. Осталась одна, что делать не знаю. Ослабла так что с трудом кружкой воду черпала и пила. И вот вижу однажды, в приоткрытую дверь входит собака и кладет мне на кровать сухарик. Рыжая такая дворняжка, с подпалинами. И лизнув шершавым языком мое лицо, уходит. Я ведь сначала подумала, что у меня от голода видения начались. Потрогала рукой, а сухарик - настоящий! Помочила в кружке с водой и съела.

И стала та собачка появляться каждый день и приносить сухари. Принесет, положит и уйдет. Десять дней или больше, сейчас уже не помню. Но наступил день, когда она не пришла. Ждала я ее, ждала - нету.

Только когда родственники вернулись, то очень удивились - что я жива, проведя столько времени без пищи. Я им про собаку, про сухари рассказала. Они не поверили, посчитали, что я брежу.

Только когда зашли за хату в огород, увидели околевшего рыжего пса с подпалинами, кожа да кости. Он лежал с сухарем в зубах, а в приоткрытом глазу отражалась бездонная синева небес. Для меня до сих пор загадка, как же так, сам не ел, а маленькой девочке приносил. Однажды рассказала знакомому кинологу.

Он недоверчиво выслушал, внимательно посмотрел на меня и спросил:

– Сама придумала?

А что тут придумывать, какие еще нужны доказательства - вот она я.

Вот поэтому я всю жизнь не могу пройти мимо братьев наших меньших, нуждающихся в помощи.

Сколько вынесла наша женщина - не дай Бог вынести никому. И

когда говорят, что много воды утекло, что пора бы забыть ту страшную войну, встают у меня перед глазами две светлые души: наши баба Надя и деда Костя. И понимаю, что даже если бы захотел забыть – не смог.

НАДЕЖДА ДОРОНИНА

Поэт, писательница. Родилась в 1985 году. Автор нескольких сборников стихов, вышедших в издательстве «Образ», и книги «Финские реалии и фантазии» (2020 г.). Произведения публиковались в ежегодном альманахе издательства «Образ» и журналах «Новые Витражи» (Москва), «LiteraruS» (Эспоо), «Фантастическая среда»(Барнаул), альманахе «Ассоль» (Прага). С 2018 года живёт то в России, то в Финляндии.

НИКОЛАЙ ВТОРОЙ И НЕРПА

– В Финляндии тебе станет легче, вот увидишь! – сказала императрица Александра Фёдоровна поникшему мужу.

– Я сомневаюсь, Солнышко, – тяжело вздохнул он. – Не был там одиннадцать лет.

Настроение монарха ухудшали ночные кошмары. Горы мёртвых тел., взрывы, кровь. Война с Японией слишком дорого обошлась России. Чёрный, страшный 1905 год! Как забыть этот ужас? Невозможно.

Утешала только нежно любимая жена, четыре чудесные дочки – великие княжны и, наконец, наследник – крошечный пока Алексей. Ему не было ещё и года.

Финские шхеры показались сначала довольно мрачными, несмотря на лето. Дул сильный ветер. Паруса яхты «Штандарт», принадлежавшей императорской семье, раздувались. Но Николай вдруг почувствовал то, что ему было совершенно необходимо. Покой, ощущение близости самого Бога! Радовали глаз маленькие островки, на которых росли высокие сосны. Виднелись гранитные скалы. Задумчивые финские рыбаки в своих скромных лодках изредка проплывали мимо. Император мысленно желал им хорошего улова на русском. Финским он, фактически, не владел. Помнил только мелодичное «kiitos», «спасибо». И «aurinko», «солнце». Так ласково он называл жену уже долгие годы.

Тёплой июльской ночью монарх, пожелав родным добрых снов, взглянул на звёздное небо. Там, наверху, нет агрессии, войн! Помолившись, Николай Второй укрылся одеялом и отправился в царство сновидений.

Гладь финских вод. Озеро Сайма. Николай Александрович Романов – совершенно один в лодке. Решил поудить рыбу, как простые финны. Но что это? Внезапно рядом послышался плеск и на скалу вылезла крупная нерпа. Вся в тёмных пятнах, серая. Умные, большие глаза.

– Привет тебе, император, – вдруг отчётливо произнесла она на чистом русском. Вот это чудо!

– Здравствуй, финская нерпа, – улыбнулся Николай Второй. – Ну, как тебе живётся? Ты ведь тоже моя подданная.

– Хорошо, не жалуюсь, – ответила она. – Мне чужды ваши человеческие проблемы. Слушай, а ты хотел бы стать императором нерп и остаться с нами навсегда?

Николай Второй удивился такому вопросу. Он сразу ответил:

– Нет. У меня – вся огромная Россия и маленькая Финляндия, я ни за что не хочу разлучаться со своей семьёй.

Нерпа опечаленно сказала:

– Знаешь, я ведь непростая нерпа. Могу видеть будущее людей, правда. И мне известно, что тебя и твою семью жестоко убьют! Лет через двенадцать. Это не слишком много по вашим людским меркам. Глубоким стариком стать не успеешь. И все твои мечты о великой, сильной империи разрушат алчные, циничные слуги сил тьмы.

– Замолчи, глупая нерпа! – вздрогнул император. – Я читал предсказание монаха Авеля, которое было оставлено моему предку, императору Павлу Первому. Да, там упомянуто об убийстве последних Романовых. Но на всё воля Божья. Я останусь человеком, хотя мне не хочется быть императором.

– Мне жаль тебя, – в голосе нерпы послышалось сострадание. – Ты - красивый человек. С большим сердцем. Желаю тебе стойкости. Я могла бы превратить тебя в нерпу мужского пола, чтобы ты остался тут, в Финляндии. Но если ты не хочешь этого, я просто уплыву. Прощай!

Ясным, солнечным утром Николай Второй проснулся. Александра Фёдоровна уже встала, причёсывалась у зеркала. Её волосы оставались пышными, щёки немного порозовели благодаря свежему финскому воздуху. Взглянув на мужа, императрица воскликнула:

– Ники, ты бел, словно мел! Опять кошмар приснился?

– Странный сон, – ответил он тихо, встав с постели. – О нерпе. Это такие интересные животные, Аликс! Похожи на тюленей. Тут, в Финляндии, водятся.

Александра Фёдоровна обняла мужа:

– Ну, они наверняка безобидные! Не придавай большого значения снам. Лучше вспомнить о Боге. Благодаря ему мы здесь, в Финляндии.

– Да, ты права, как всегда, Солнышко, – сказал Николай Второй.

Тревога к нему вернулась. Что же будет с Россией и Финляндией, которую сами финны называют Суоми?

Пока в финских водах обитают загадочные нерпы, надо надеяться на лучшее!

НАРГИСА КАРАСАРТОВА

Поэт, писатель, переводчик, учитель английского языка. Изданы два сборника стихов «Бриллианты на снегу» и «Маленьким мечтателям». Член Национального союза писателей Кыргызстана, член Союза журналистов Кыргызской Республики, член Союза писателей Северной Америки. Лауреат литконкурсов «Золотая табуретка» (г. Бишкек) и «Белая скрижаль» (г. Москва) в номинации «Малая проза» (2012 г). Участница Форумов молодых писателей России, СНГ и стран зарубежья в 2009 и 2014 гг. (г. Москва). Вошла в финал конкурса «Открытая Евразия – 2019» в категории «Малая проза». Участница литературного фестиваля «Открытая Евразия – 2019» (г. Брюссель). Финалист конкурса «Открытая Евразия – 2020», заняла второе место в категории «Рецензия» и первое место в категории «Публицистика».

СИЛЬНЕЕ СМЕРТИ
(из жизни поэта Акынбека Куручбекова)

Есть истории, которые учат нас простым вещам – верности, любви и преданности, как бы это тривиально не звучало. И сейчас я расскажу о двух личностях, живших в непростую эпоху. Об их чувстве, которое они пронесли в течение всей жизни, и в военное время, и в мирное.

Как вспоминает Тукен Кокушева, Великая Отечественная Война началась совсем внезапно. Никто её не ждал. Но, как известно, если приходит беда, она не стучит в ворота.

В то время Тукен Кокушева была в четырнадцатилетнем возрасте. Жила она в селе Жон-Арык Джайылского района Чуйской области. Школы в их селении не было. Тогда ребята ходили на учебу в соседнее село Эриктуу. «Так, в один из военных дней, пришла в школу и не обнаружила своих одноклассников», – вспоминает она. Да и их было всего раз, два и обчелся. Две девочки вышли замуж, ведь не секрет, что тогда по кыргызским традициям в юном возрасте, девочки узнавали все тяготы супружества. Мальчики начали работать на полях. И вот Тукен осталась одна в своем классе. Как она помнит, тогда в кабинет зашли трое взрослых и объявили: «Ты отличница, а у нас не хватает учителей. Видишь, на дворе война, многие сейчас работают в тылу для фронта, поэтому тебе непременно надо учительствовать, обучать младшие классы». Услышав это, Тукен расплакалась: «Как я буду учить детей, как?» – недоумевало её юное сердце. Но слезами горю не помочь, надо было, засучив рукава, и утерев слезы работать и работать. Так Тукен Кокушева стала учителем начальных классов.

«А тогдашним парням старшеклассникам даже не сиделось на уроках. Все мальчики поголовно забросили учебу, – вспоминает Тукен. – Как можно учиться в такое время, когда там враг, которого необходимо уничтожить! Они были полны патриотизма, геройства и мечтали о боях и шинелях».

В один день, когда она стояла у доски и объясняла новую тему детям, в окно заглянуло несколько старшеклассников. Они внимательно посмотрели на неё и убежали. Среди них был Акынбек Куручбеков. Как выяснилось потом, юная учительница ему сразу приглянулась. Тогда отец Акынбека работал почтальоном, а догадливый отрок придумал сам носить почту. Как-то Акынбек постучал в дом Тукен, принеся газеты, а когда она вышла, он, пытаясь быть решительным, но в то же время, борясь с волнением, вручил ей письмо-треуголку. Девочка, укрывшись у себя в комнате, вскрыла послание, там были написаны любовные строки стихов старательным, но неровным почерком. Новый почтальон стал приходить всё чаще и чаще. И каждый раз он приносил с собой незамысловатые письма-треуголки, в которых рассказывал о своих сокровенных чувствах. Вскоре молодое сердце учительницы было покорено лиричными и чистыми строками.

В то время Акынбек маялся, он не желал уезжать из своего села, ему хотелось видеть свою первую любовь, однако и суровая война манила и привлекала его. Пламень патриотизма и неизведанного чувства одновременно начал пылать в его сердце! А ненасытная до крови война

зазывала к себе новые, молодые и свежие силы. Как же она была безжалостна и хладнокровна!

В 1942 году Акынбек Куручбеков был призван на фронт в Калининград. В одном из боёв он получил ранение в правую ногу. Шесть суток он лежал в яме, истекая кровью. «Лучше бы я умер...» – невольно мысли проносились в его голове от ужасной боли. Так хотелось пить и кушать, а он лежал и ел сырой песок. Да, песок был единственной трапезой в те дни – и водой, и едой, в мирное время такое даже на ум не придет. В то же время он боролся с тяжелой, невыносимой и острой болью. Непоседливые мухи и надоедливые комары кружили возле запекшейся крови. Одно успокаивало – воспоминания о родине, о семье и о своей девушке. Раненный солдат частенько наблюдал за столкновением советских и вражеских самолетов в небе. Если нашим удавалась сбить летающие машины врагов, он бессильно кричал: – «Ура! Ура!». Но так сложно было быть простым наблюдателем.

Тогда Акынбек понял, что есть вещи сильнее смерти. Сильнее смерти было чувство к милой девушке с неповторимым взглядом. Сильнее смерти была непреодолимая сила, когда он шёл под пули во имя родины, не зная, выживет он, или нет. В такой переломный момент новые строки стихов рождались в его голове.

Мой город Фрунзе – колыбель моя
С ним с детских лет навеки связан.
Как сын с отцом,
Как беркут с поднебесьем.
Мой город Фрунзе – колыбель моя.

Возможно дни солдата и закончились бы в сырой яме, если бы раненного случайно не нашел командующий, который и позвал санитарный отряд. Акынбека и несколько других раненых, которые лежали на поле боя положили в большую телегу. Но он потерял слишком много крови, поэтому в один момент, когда боец очнулся, оказался лежащим на чуть влажной зеленой траве, в лесу, где пахло соснами и елями. «Я упал с телеги, что же делать? Боже мой, когда закончатся эти мучения!» – душа его, рыдала. Но в этом горе, солдат был не один, в телеге он видел других раненых, но особенно его потрясла картина – человек, который полностью остался без рук и ног, больно было даже на него взглянуть.

Вновь оставшись в одиночестве Акынбек размышлял о тяготах войны, о своей грязной, искровавленной военной форме и о чистом, голубом небе. Потом он снова впал в забытье. К счастью, в траве его заметили. Потом солдат был отправлен в Полевой госпиталь, где у него обнаружили гангрену из-за того, что он не получил своевременную помощь. А в 1943 году Акынбека демобилизовали.

С радостью и с волнением на поезде он возвращался домой – в Кыргызстан, к родным, к любимой Тукен. Только переживал и беспокоился, как она воспримет, что он лишился ноги. «Вроде я такой же, как прежде, но…, это чертово ранение, захочет ли она быть мне женой». Однако тревоги оказались напрасными. Для Тукен он оставался прежним, даже ещё более любимым…, и они собирались пожениться:

Как я счастлив, что вновь тебя вижу!
Светлой памятью полниться грудь.
Подойди, ненаглядная ближе,
Дай в глаза мне твои заглянуть.
Говори откровенно и строго,
Заклинай, укоряй и вини
Только сердце немою тревогой
И презреньем немым не казни.

Правда, поначалу отец девушки воспротивился женитьбе. В ту пору он был председателем сельсовета – уважаемым человеком. Родитель поставил перед женихом условия – калым в сорок тысяч рублей. Ну, откуда же у бедного солдата, только вернувшегося с войны – столько денег! Первое, что пришло на ум – сбежать с Тукен. Но молодая учительница чтила своих родителей и не могла решиться на такое безрассудство: «Я думаю все это можно как-то решить, давай подумаем ещё». И Акынбек – боец по духу – решил. Собрал своих друзей, родственников, сельчан, и они всем миром собирал калым за Тукен. И не зря – вместе они прожили в согласии сорок пять лет, и вырастили четверых детей.

Сам Акынбек Куручбеков знаком любителям поэзии. Первые опыты начались, как уже говорилось, с любовных посланий, потом он писал фронтовые стихи и строки о родине. За годы жизни выпустил девять поэтических сборников, среди которых: «Письмо к отцу», «Жизнь», «Обращение к человечеству», «День расскажет», «Сильнее смерти». Стоит отметить, что стихи Акынбека Куручбекова пользовались успехом у читателей. Он был членом союза писателей Кыргызстана, а затем и СССР.

Интересен так же факт, что во время войны и Тукен Кокушева писала ему стихи в свою девичью тетрадь. Однако она их никогда не публиковала: – «Для меня было важнее, чтобы мой муж издавался». И сейчас в свои восемьдесят пять лет, вдова поэта работает, как говориться «в стол». Публиковаться не хочет. «Просто для души», – улыбается теперь уже миловидная бабушка с ясным взглядом и цепкой памятью. Но, скорее всего от избытка сердца говорят уста. Вдова любовно перебирает большие черно-белые фотографии мужа, и надеется создать музей на родине Акынбека Куручбекова. «Я рада, что в селе Эриктуу школа носит его имя. Каждый год ко Дню Победы я езжу туда на встречу с учениками. Они даже разыгрывают сценки, как мы писали друг другу стихи, рассказывают их. Это все так трогательно, и сердце наполняется радостью. Я рада, что прожила жизнь с таким честным и духовно чистым человеком».

Пусть я с войны вернулся без ноги,
Спины моей не видели враги –
Ведь трусом не был я на поле боя;
Разил и бил захватчиков, как мог,
И честь свою солдатскую берег –
И потому доволен я судьбою!

Эти строки рассказывают о жизненной позиции и о бойцовском характере Акынбека Куручбекова, который ушел из жизни в шестьдесят шесть лет, прожив достойную жизнь и оставив большое лирическое наследие.

Бишкек, 2011 год

ВИКТОРИЯ ЛЕВИНА

Прозаик, поэт, журналист, переводчик. Член Союзов писателей Израиля и международных союзов Болгарии, Англии, Германии, России, Литвы, Канады. Родилась в России, в Забайкальском крае. Жила в Украине. Окончила Московский государственный технический университет имени Н.Э. Баумана, инженер-механик. Работала в авиационной промышленности. С 1997г. проживает в Израиле. Член жюри международных конкурсов, правления Международного союза писателей имени святых Кирилла и Мефодия (Варна, Болгария, 2018 г.), Консультативного совета Гильдии. Кавалер ордена «Кирилл и Мефодий», звезды «Наследие» (2019, 2020 гг.), медали имени Ивана Вазова (Болгария), медалей Бунина, Есенина, Маяковского, Ахматовой, Пушкина, Чехова. Печатается в журналах «Менестрель», «Литературный Иерусалим», «Литературный европеец», «Литературная газета», «Эмигрантская лира», «Сура», «Традиции и авангард», «Гиперборей», «Таврия литературная», «Форум», «Белая скала».

ОБ УЧИТЕЛЯХ И НЕ ТОЛЬКО

– А мы своих учителей терпеть не могли! А некоторых так просто ненавидели!

Мы с мужем сидим за праздничным «именинным» столом. Отмечаем мой день рождения. На столе – бокалы с любимым «Саперави», ностальгический «Киевский» торт из «русского» магазина.

Я всё ещё вытираю слёзы – растрогалась, получив ежегодный звонок ко дню рождения от моей классной руководительницы. Да-да, не удивляйтесь! У такой великовозрастной тётки есть на этой земле трогательная ниточка, которая до сих удерживает воспоминания о школе в

периферийном украинском городке. Школа, класс, друзья, любимые уроки физики, молоденькая, красивая учительница, которой достался класс неуправляемых «гениев» в «продвинутой» школе.

Мы её просто обожали! «Декрет? Какой декрет?!»

– Вы же не можете взять и оставить нас в выпускном классе перед поступлением в ВУЗы! – я стою и смотрю ошарашенно на залившуюся краской нашу «куколку» в белом кружевном воротничке.

Округлившийся животик уже не может скрыть даже её черное модненькое платьишко свободного фасона.

– Мы будем гулять с ребёнком по очереди во дворе школы, когда родите. Установим дежурство.

Одноклассники горячо подхватывают мою безумную идею:

– Маечка! Не уходите ни в какие декреты! Обещаем – мы будем самыми дисциплинированными и послушными во всей школе! Да что там в школе – во всём городе!

Мы смотрим, как наша Маечка уходит со двора школы с мужем – атлетом и великаном, который бережно приобнимает её за плечи и ведёт к дому, который тут же, за углом.

Маечка что-то ему с жаром рассказывает, мы смотрим им вслед. Она не ушла тогда в декрет, наша «классная», наша Майя. И её младший сын родился тогда за пару месяцев до выпускных экзаменов. И мы гуляли с коляской по двору школы, по очереди, и готовились к экзаменам в «большую жизнь».\

Она звонит мне каждый год в день рождения. Ей далеко за восемьдесят. Милый голос, нежный смех, любовь – в каждом слове.

– У наших учителей, почти у всех, были на левой руке номера концлагерей. Нервная система их оставляла желать лучшего, – рассказывает муж. – Мы доводили их своими выходками, ленью, непослушанием.

Муж в который раз рассказывает мне о своей школе. И я всегда поражаюсь по-новому, как можно назвать школой это сборище мало культурных, искалеченных жизнью учителей, бьющих своих учеников беспощадно!

Это была «религиозная» школа, где изучались только «святые» книги. На память, тупо зубрили страницы «святых» писаний и молитв, чтобы остались в голове на всю жизнь. Без математики, физики, химии, астрономии, биологии. Без таблицы умножения, наконец! В средние века люди знали больше, чем ученики «религиозных» школ двадцатого века.

– Ну, посчитай сам – семью семь, это уже сорок девять! – я спорю с мужем по какому-то финансовому вопросу после нескольких лет брака.

Муж озадаченно смотрит на меня и суёт руку в карман за маленьким калькулятором, который всегда с ним.

Меня осеняет невероятная догадка:

– Ты что, не знаешь таблицы умножения? Зачем калькулятор?

До тех пор у меня не было сомнений в финансовых способностях мужа. Как и все выходцы из Персии, он очень успешен в делах своего небольшого бизнеса, который позволяет нам чувствовать себя комфортно в такой непростой стране, как Израиль.

– Да, мы стали учить таблицу умножения в седьмом классе, когда мысли о девочках вытеснили напрочь всю учёбу из моей головы! – смеётся муж.

И вот тут я поняла, что необходимо немедленно заняться устранением недостатка в знаниях любимого, и во всех других сферах жизни моего идеального мужа.

Мы учили и учили эту чёртову таблицу! В пятьдесят лет. Я купила домой глобус, и мы крутили его, огромный, подсвеченный изнутри лампочкой, чтобы уяснить, наконец, где находятся Америка и Австралия, и что Англия, оказывается, далека от Америки, хотя и говорят там на английском языке...

Муж оказался благодарным слушателем. И ещё через каких-то пару лет мне удалось уговорить его побороть свои комплексы и поступить на двухгодичные курсы повышения квалификации, где он уже слушал лекции экономистов, политологов, математиков от «статистических дебрей».

После всех экзаменов, в дом был принесён диплом, ценнее которого не было в жизни моего любимого человека!

О каждом из своих учителей я могу сказать слова благодарности. Некоторые из них стали для меня настоящими друзьями и проводниками

по жизни. Моя безумная любовь к математике, знание литератур (и не одной, а целых двух: и русской, и украинской) – всё от них! Школа была и остаётся для меня «святая-святых», остаётся на всю жизнь очагом душевного тепла, местом, где зарождались дружба и привязанности на всю жизнь!

Всё сказанное можно назвать прелюдией к самому главному: к рассказу и моей Майе. Мне сказали, что в лесу Бейт-Шемеш собирается на выходных община русскоязычных репатриантов.

– Давай съездим! Я хочу найти свою учительницу! Говорят, что она живёт в Израиле с семьёй после смерти мужа. Да-да, того, что был знаменитым тренером по баскетболу. Да, из Америки они переехали в Израиль.

Муж не перечит. Он вообще всегда прислушивается к моим идеям и предложениям. Идеальный муж!

Но перспектива потратить свой выходной на поиски классной руководительницы из средней школы в каком-то лесу не вызывает у него большого энтузиазма:

– Что тебе в этой учительнице? – недоумевает муж, – Сколько лет вы не виделись? Тридцать пять? Да узнает ли она тебя вообще?

«Узнает ли меня моя Майя?! О чём ты говоришь?»

И вот мы уже едем в этот «русский» лес. А там – видимо-невидимо русскоязычных семей из местных землячеств уже располагаются за столиками на пикник. Жарятся на мангалах «кошерненькие» куски «запрещённого» мяса, замешиваются в тазиках салаты «оливье», достаются из дорожных сумок-холодильников мгновенно запотевающие на жаре бутылки водки и других неотъемлемых от пикника напитков.

Людей – тысяча, не меньше! Где искать мою Майю?

С нами – один из сыновей моего мужа. Он тоже выпускник «религиозной» школы, правда уже более «продвинутой», чем школа супруга. С таблицей умножения у него проблем нет. Но с поиском любимой учительницы – что-то всё ещё не склеивается и в его голове...

– Зачем её искать? – вопрошает сын.

– Я всю жизнь её ищу, – отвечаю, а сама слушаю себя со стороны и понимаю, что звучит невразумительно.

Зачем я ищу тебя, Майя? Наверное, потому что люблю. Помню. Благодарна за любовь к физике, ставшей моей специальностью, моим «куском хлеба с маслом», как любил повторять папка.

Затея отыскать мою классную руководительницу среди леса, среди столов со снедью и шумных компаний начинает казаться мне бессмысленной.

Муж и сын бегают между столами и зовут:

– Майя, Майя!

Двое смуглых мужчин в этом царстве «русских» вызывают интерес и любопытство. Но не более.

Майя не отзывается.

Тогда муж замечает в глубине леса эстрадный настил с микрофонами для выступлений и, не раздумывая, вскакивает на него.

На ломаном русском он кричит в микрофон:

– Майя, Майя! Тебя ищет Вика!

За столами замолкают.

И вдруг мы видим, как по направлению к эстраде бежит со всех ног моя дорогая, трогательная, любимая, домашняя Маечка в шёлковом платьишке с кружевным воротничком!

Мы с ней ничего не видим от слёз! Стоим, обнявшись среди «русского» леса. Люди вокруг даже аплодируют.

Муж подходит, слёзы градом катятся из его глаз:

– Никогда не видел, чтобы так любили учителей! Моих преподавателей я даже и по имени-то не помню… Странные вы всё-таки, русские, бормочет он и обнимает, обнимает нас…

Потом будет юбилей Маечки в Натании, прелестном приморском городе, куда съедутся родственники, друзья и одногруппники. Съедутся со всех континентов, чтобы сказать слова о вечной дружбе, вечном братстве и тёплой памяти.

И мы с мужем будем сидеть за праздничным столом в банкетном зале и вдруг услышим, как Маечка, смущённо краснея у микрофона, скажет:

– А вот за тем столиком сидит та самая Вика, которая не пустила меня в декрет!

И все засмеются, потому, что слышали эту историю.

– А рядом с ней – её замечательный муж, который звал меня в микрофон в лесу на пикнике. Я счастлива, что вы у меня есть, ребята!

Каждый год я получаю звонок на день своего рождения.

И слышу голос, такой милый и родной:

– Викочка, поздравляю тебя! Как твои дела, деточка?

На душе светлеет и теплеет.

Бегу к мужу:

– Майя, Майя звонит!

И мы наперебой кричим в трубку:

– Спасибо, спасибо! Мы тебя любим, дорогая!

АРКАДИЙ МАР

Родился в Ташкенте, Узбекистан. Окончил фортепианный отдел Ташкентской консерватории. Двенадцать лет работал в музыкальной школе преподавателем фортепиано. Многие повести и рассказы автора о Средней Азии, ее прекрасных людях, природе, обычаях, легендах. С 1995 года живет в Нью-Йорке. Главный редактор газеты «Русскоязычная Америка».

АКСАЙ – БЕЛАЯ РЕКА
Рассказ

Последние дни ему часто снился один и тот же сон. Синяя котловина небольшого озера, удивительно сладкая трава вокруг, и он сам, маленький, нескладный еще жеребенок, ждущий с матерью разрешения отца. Но вот отец осторожно спустился к воде, прислушался, замер, втянул ноздрями воздух и тихонько заржал. Тогда мать нежно и легко подтолкнула его, и он, Аксай, вытянул вперед морду и жадно, захлебываясь, начал пить. Потом обернулся. Отец и мать стояли рядом и смотрели на него...

Аксай – старый жеребец с рваным шрамом на бедре – стоял на вершине пологого холма. Под ним, медленно переходя с места на место, паслась его крошечная семья: кобылица Бахор и жеребенок Юлдуз. Легкий ветерок, родившийся на окраине великой степи, лениво шевелил их короткие гривы.

Аксай поднял голову и понюхал ветер. Он пах недавно сошедшим снегом и только-только зазеленевшей молодой травой.

Становилось тепло, редкие дожди – короткие, ливневые – быстро проходили, и яркое солнце мгновенно высушивало степь.

Над землей, неподвижно распластав крылья, парил беркут, и, испугавшись его тени, жеребенок с белой отметиной на лбу шарахнулся в сторону.

– М-м-м, – ласково позвала его мать, и он, успокоившись, снова начал щипать траву.

Этот резвый жеребенок с отметиной, похожей на звезду, появился на свет ранней весной, и Аксай, наблюдая за ним, радовался, что растет жеребенок быстро. И имя ему сам придумал. Юлдуз – звезда. Красивое имя, будто большая ночная звезда спустилась сверху отдохнуть на лоб малыша, да так там и осталась. И, конечно, когда Юлдуз вырастет и станет знаменитым на всю степь вожаком, все вспомнят и про его отца Аксая.

Совсем недалеко, за грядой холмов, Аксай заметил большой, лошадей на пятьдесят, табун. Его хозяин – огромный черный жеребец, с густой, трепещущей по ветру гривой, как часовой стоял на страже и, увидев Аксая, злобно заржал.

В другое время Аксай поскакал бы навстречу, чтобы в честном бою помериться силами и испробовать на непочтительном жеребце крепость своих копыт и остроту зубов.

Сколько в его долгой жизни было таких поединков! И побежденные им всегда уходили из табуна.

Пусть поодаль они вновь начинали хорохориться, ржать, но и Аксай, и они хорошо знали, что все кончено и им придется уйти.

А потом Аксай присоединял к своему табуну их кобылиц.

Но сейчас, после тяжелой голодной зимы, исхудав, он иногда чувствовал себя слабым. Слабость вдруг подступала к нему, и тогда, закрыв глаза, чуть поматывая головой, он неподвижно стоял на странно разъезжающихся ногах и ждал, пока слабость уйдет из его большого сильного тела...

С каждым днем солнце излучало все больше и больше тепла, уже появились слепни, и нужно было перекочевывать на летние пастбища, к виднеющимся на горизонте горам.

Много раз водил Аксай туда свой табун, и сейчас, представляя будущую дорогу, обернулся и посмотрел на Бахор. Почувствовав его взгляд, она подошла к Аксаю, положила узкую морду ему на круп.

И Аксай кивнул головой.

Еще мал был их жеребенок, еще рано было пускаться ему в дорогу.

А там, в высоких прохладных горах, где-то ждала синяя котловина озера, полная чистой воды, и удивительно сладкая трава вокруг. И он, Аксай, осторожно спустится к воде, прислушается, замрет, втянет ноздрями воздух и тихонько заржет.

И жеребенок Юлдуз жадно, захлебываясь, начнет пить. Потом обернется. А он, Аксай, будет стоять рядом и смотреть на него.

Огромный черный жеребец с трепещущей по ветру гривой вдруг выскочил из-за холма и понесся на Аксая. Не доскакав, остановился, круто выгнул шею, приподнял хвост и, коротко и высоко ступая ногами, сделал круг, другой.

Аксай и черный жеребец сошлись нос к носу, медленно развернулись и, вновь повернувшись, встали, в поклоне пригнув головы к земле.

Они представлялись друг другу перед схваткой, готовясь биться до конца.

– Я – молодой, великий, страшный. Когда я скачу, приминая землю копытами, от гор с гулом отваливаются огромные камни. На небе собираются грозовые тучи и кидают вниз молнии. Я хозяин степи. Одним ударом я могу убить волка, и их стаи в страхе бегут прочь, услышав топот моих копыт. Табун мой велик, и я хочу присоединить к нему всех кобылиц, пасущихся в степи! Как ты смеешь сопротивляться мне! Ты, старик... – так говорил, оскалив зубы, черный жеребец.

Аксай – Белая река, ничего не ответил черному жеребцу, только чуть повернул голову и краешком глаза посмотрел на своего жеребенка.

Пронзительно визжа, они поднялись свечами, скрестили в ударах передние ноги. Потом, тесня друг друга, сделали полувольт и снова сошлись в схватке.

Аксай разворачивался, бил задними ногами, а черный жеребец старался достать его зубами. Из глубоких ран струйками била кровь, пятная серо-бурую шкуру Аксая, и стекала на траву.

Дважды уже оскальзывался Аксай, припадал к земле, а черный жеребец все наседал и наседал на него, пытаясь опрокинуть и затоптать...

Он не убегал – уходил, медленно уходил, шатаясь и хромая, почти ничего не видя сквозь заливавшую глаза кровь, побежденный Аксай – Белая река. Старый конь с рваным шрамом на бедре. Он медленно уходил и слышал, как трубно ржал черный жеребец, радуясь победе.

Чистая, свежевымытая луна выстилала дорогу до самых гор, и по этой дороге медленно брёл одинокий Аксай. Он часто останавливался, отдыхал, подставляя израненное тело прохладному ветерку. И ветерок, несущий запах ароматных горных трав, возвращал ему силы.

Уже совсем рассвело, когда снежные шапки вонзающихся в небо вершин стали близкими. Аксай поднялся по каменистой насыпи откоса и вдруг увидел озеро. Оно синело в небольшой котловине внизу. Прозрачное горное озеро, полное воды от медленно тающих ледников.

И прежде чем начать спускаться к нему, к удивительно сладкой траве, росшей по его берегам, Аксай закрыл глаза.

Юлдуз, маленький, нескладный ещё жеребёнок, ждущий с матерью его разрешения. Аксай осторожно спускается к воде, прислушивается, втягивает ноздрями воздух и тихонько ржёт. И жеребёнок Юлдуз, жадно, захлёбываясь, начинает пить. Потом оборачивается. А он, Аксай, стоит рядом и смотрит на него...

Что-то заставило его вздрогнуть, насторожиться. И прежде чем увидеть, он уже знал, что это. Девять волков, беря его в кольцо, карабкались по осыпи.

И тогда, собрав все силы, он оттолкнулся от откоса и прыгнул вниз.

Он падал, подобрав под себя ноги, разрезая воздух тяжёлым телом, и тянулся, тянулся к этой синей, прозрачной воде.

АСТХИК МЕЛИК-КАРАМЯН

Родилась 12 июня 1993 года в столице Армении Ереване. С детства увлекалась литературой и иностранными языками. В 2015 году окончила магистратуру Ереванского государственного университета по специальности «филолог-переводчик» (английский, испанский и португальский языки). С 2017 года изучает китайский язык. Еще во время студенчества начала заниматься переводом и написанием художественных рассказов, а в 2018 году стала финалистом конкурса «Открытая Евразия» в категории «Перевод» (перевела рассказ «Дочь курда» Елены Асланян с русского языка на английский). В 2019 году стала призёром международного конкурса переводчиков «Читающий Петербург» по китайскому языку, организованного библиотекой имени Маяковского, заняла второе место на конкурсе молодых переводчиков «Sensum de Sensu» в категории «испанский язык». Замужем, мать двухлетнего сына.

ПОСЛЕДНИЙ НА ОСТРОВЕ

Следующее рождение Бога Солнца не было благоприятным для моего племени, и так уже 20 рождений подряд. Страшное проклятие пришло на наш райский остров. Язвы и лихорадку молодых и старых не исцеляли ни вода священных источников, ни семена харакеке.

Из всего племени только меня обошло проклятие, но это было не даром, а наказанием.

Я в отчаянии бродил по острову после каждого рождения солнца в надежде найти что-то, что облегчило бы боль моих родных. В то же время я задавался вопросом, чем мы разгневали могущественного Тануку, который послал нам такое испытание. Мы уважали небесные силы, не пускали врагов ни по воде, ни по воздуху в наш священный очаг, мы не предавали традиций и заветов предков.

За день до наступления проклятия мы принесли великому Тануке жертву, врага, который приплыл к нам на лодке, и просили благополучия и дождей. Но получили проклятие. И я, непобедимый воин Анару, ничего не могу сделать.

Я стоял на вершине горы и смотрел вниз на наш райский остров, и подумал, а может быть великий Танука разгневался именно из-за того, что мы съели врага, а надо было всё оставить ему?

Я сейчас напоминал себе ничего-не-делающего человека. Мой дедушка сказал бы, что человек не должен думать. У нас есть две ноги, чтобы бежать и две руки, чтобы убить животных и врагов. Что еще нужно, чтобы жить? Отец, как говорят, был поклонником пустых мыслей и дел. Однажды, когда он поднял тяжелый камень, он придумал положить под него длинную ветку и нажать на нее с другого конца. Позже он сделал две круглые штуковины из пальмы, привязал к ним доску, и сказал, что так легче возить кокосы. Я помню, как всё племя смеялось над нами и как стыдно было деду.

Я же в данный момент вместо дела как раз предавался ничего-не-деланию: начал сомневаться то в милосердии Солнца, то в традициях моего деда, то насколько больны были мысли отца. Вдруг меня ослепил луч света сверху, и вскоре я увидел в небе лодку, стремительно опустившуюся недалеко от меня. Чужие на нашем священном острове! Мой лук... ах! Одержимый несчастьем, я забыл своё оружие внизу.

Из лодки вышли двое в белом, с двумя руками и ногами, но лиц не было видно. Они направились ко мне. Первый раз в жизни, я, непобедимый Анару, почувствовал страх. Но нет, я не сдамся так легко, – и бросился на них с громким криком. Но меня оставило первое же слово, произнесённое ими на моём языке.

– Остановись, Анару, мы – не враги, безоружны и хотим вам помочь.

Я оцепенел.

Они сняли маски, это были женщины.

– Нет чуда в том, что мы знаем твоё имя и язык. Очень много лет мы наблюдали за вами, изучали традиции, образ жизни и язык вашего райского острова. Через спутники. Они – вон там в небе, похожи на звезду, если смотреть отсюда. И спутники всё видят. Ваша жизнь вовсе не была закрыта от остального мира.

– Вы можете снять проклятие Тануки?

– Ваше племя поразила страшная болезнь, чума. Когда-то она уничтожала народы и нашего мира, но мы научились её побеждать. А ты не заболел, потому что ты сильный изнутри, и твоё тело не впустило болезнь внутрь. Мы сейчас уйдём, но завтра вернёмся, чтобы забрать людей и вылечить их. Если хотите.

Они мгновенно переместились в лодку, которая очень быстро поднялась в небо.

Скоро их лодка стала в небе меньше жука. А я пошёл к брату Рабани, который мог двигаться и говорить только до наступления ночи, когда приходила лихорадка.

Он долго молчал после того как выслушал меня. Я ждал, что он скажет, что я недостойный мужчина, который впустил чужаков в наш священный очаг и подумал, что хорошо, что у него нет сил, чтобы наказать меня за это смертью по закону наших предков. Но он сказал неожиданное для меня:

– Анару, когда умирала моя новорождённую дочь, я плакал в первый раз в моей жизни. Я попросил Тануку помочь нам. Он молчал. Когда не было туч на небе, мы умоляли Тануку проявить милосердие к нам, он не ответил. Вот скажи мне, почему он безмолвен?

– А может Танука не там, где мы его ищем, и не тот, кого мы ожидаем увидеть? Возможно, нам не нужно смотреть на Солнце, чтобы говорить с Танукой, может он – это дерево, или облако. Или он – те самые мягкие круглые орехи в наших головах, назначение которых наши деды не могли объяснить. Может быть, он – воздух. Может быть, он в не в чем-нибудь, он – это любовь, которую ты прочувствовал, обнимая израненное тельце дочери.

На следующий день всё наше племя увезли люди в белых костюмах на нескольких лодках. Я остался один. Танука держит меня здесь. Спутники только следят за мной и не говорят мне, как мои родные и когда они приедут обратно.

Мне очень тяжело, но заботы о пропитании намного радостнее риска умереть.

PS: На Андаманских островах обитает коренное племя сентинельцев, которое отказывается общаться с современной цивилизацией, «приветствуя» возможные внешние вмешательства вооруженными нападениями. Таким образом, сентинельцы считаются одними из немногих нетронутых современной цивилизацией племен в мире.

ЗЕБУНИСО РАСУЛЗАДЕ

Молодая таджикская поэтесса и писательница, пишет на русском, таджикском и английском языках. Окончила факультет Восточных языков Худжандского государственного университета имени академика Б. Гафурова, факультет менеджмента Российского экономического университет имени Г.В. Плеханова. С 2006 по 2017 год проживала в Москве и работала переводчиком арабского и английского языков, руководителем направления по Ближнему Востоку в инвестиционной компании. Начала писать стихи с раннего детства. Первый сборник стихотворений «Панднамэ» вышел в 2019 году, новые книги «Панднома», «Откровения Музы: взгляд на мир через призму любви», «Приключения Фируза» и новые издания «Панднамэ» вышли в 2020 году. Награждена государственной наградой «Отличник культуры Республики Таджикистан» и премией ТОП-50 ТРК Ватан. В 2021 году стала победителем конкурса «Открытая Евразия» в категории «Малая проза». Творчество Зебунисо открывает читателю волшебный мир Востока и его притч, легенд, сказок и преданий. На их примере автор ненавязчиво призывает читателя к бережному отношению к окружающей среде, к ответственному поведению и к соблюдению морально-этических ценностей в повседневной жизни.

ОТКРОВЕНИЯ МУЗЫ: ВЗГЛЯД НА МИР ЧЕРЕЗ ПРИЗМУ ЛЮБВИ
(отрывки)

Первая встреча с музой

Когда мне было пять лет, мама подарила мне на день рождения книгу Александра Сергеевича Пушкина. Это был замечательный сборник сказок с яркими и красочными картинками. Я была счастлива, что получила такой подарок. Быстренько спрятавшись под столом у папы в кабинете, я жадно начала читать эту красочную, красивую книгу. Папин кабинет находился в теневой части дома, и там всегда было немного сумрачно,

тем более под столом. Вдруг появился свет, теплый и мягкий. Было ощущение того, что ко мне подлетели сотни светлячков. Я зажмурилась и вдруг услышала мягкий и нежный голос: «Не бойся, Зебунисо. Читать в темноте не очень полезно для глаз, поэтому я решила тебе посветить».

«Тогда немного убавь мощность своей лампочки, а-то у меня глаза болят», – сказала я ей, не открывая глаз. Свет стал менее ярким, и я решилась открыть глаза.

Передо мной на корточках сидела красивая девушка и улыбалась. Она излучала мягкий и нежный свет. Она была в воздушном, лёгком платье нежно-белого цвета, которое было опоясано золотистым поясом. Её золотые кудри ниспадали на плечи, а голову украшал золотой венок из лавра. От неё шло тепло, успокоение и доброта. Я чувствовала, что она не причинит мне вреда.

«Кто ты?» – спросила я.

«Я твоя прекрасная Муза, – ответила она, улыбаясь, – ты скоро начнешь писать стихи. Я буду нашёптывать их тебе на ушко», – сказала мне она и подмигнула.

«По секрету?» – спросила я. «Да, по секрету», – ответила Муза.

«Стихи прямо как здесь, в этой книжке? Как у этого дяденьки?» – спросила я Музу, указывая пальчиком на портрет А.С. Пушкина.

«Посмотрим...», – сказала Муза и села со мною рядышком. Тут я заметила, что у нее за спиной были крылья. Они были легкими и светлыми. Я спросила её: «Ты – ангел?», потому что прабабушка рассказывала мне про ангелов. Муза улыбнулась и ответила: «Если ты хочешь, чтобы я была твоим ангелом, я им буду».

«Ух-ты, как здорово! У меня будет свой личный ангел! Вот сестричка обзавидуется!» – радостно визгнула я и от удовольствия потерла ручки, ухмыльнувшись.

Мы со старшей сестрой были погодками и делали всё вместе: играли, спали, купались, иногда ссорились. Но я еще очень любила дразнить её. Ну и врединой же я была...

Муза улыбнулась и сказала: «Я буду твоим личным ангелом при одном условии».

«Каком условии?» – спросила я удивленно. Она ответила: «Ты не должна никому говорить о том, что видела меня. Это будет наш с тобой секрет». Я вздохнула и прошептала в ответ: «Ты очень добрая, и ты мне нравишься. Я никому-никому не расскажу о нашей встрече».

Муза кивнула и осталась довольна моим ответом. А потом она начала читать вместе со мной. В процессе чтения на примере сказок Пушкина Муза объясняла мне созвучность окончаний (рифму) и мелодичность стихотворений (ритмику). От её приятного голоса и ритма стихотворений мне захотелось спать. Я положила голову к ней на колени, а она гладила меня по голове и приговаривала: «Ты вырастешь, и будешь писать стихи, ты напишешь много стихотворений на разных языках, которые словно ключи будут открывать людские сердца. Твоими устами будем говорить мы – твои Музы...»

Много лет спустя...
Стояла холодная январская ночь. В городе разгулялась инфекция гриппа. Не миновала она и меня. Я лежала с высокой температурой и вся дрожала. Дочка укрыла меня тремя теплыми одеялами, а мне всё казалось, что холодно. Я лежала и размышляла: «Не дай Бог, этот грипп сведёт меня в могилу». Вдруг раздался знакомый голос из детства: «Даже не вздумай!».

«Всё, у меня начался бред, – подумала я, – температурногриппозный бред. Докатилась! Теперь мне и голоса мерещатся», – вздохнула я.

«Нет, это не бред, это я к тебе пришла», – услышала я. «Кто – Я?» – с сарказмом пробурчала я в ответ.

«Твоя Муза», – услышала я голос, и вдруг перед моим изголовьем появилась девушка. Она улыбалась мне.

Я не могла поверить глазам. Тогда, много лет назад, когда я проснулась в обнимку с книгой Пушкина, я подумала, что моя встреча с этим Ангелом мне приснилась. Теперь она снова стояла передо мной. Она была невыразимо прекрасной. Я вглядывалась в её лицо, в её чистые, наполненные любовью глаза, и просто утопала в них. Меня начала наполнять энергия. Я была похожа на резервуар, на кувшин, который был опустошен. С приходом Музы этот кувшин начал наполняться светлой и мягкой энергией, теплом, любовью. Муза улыбнулась и прошептала:

«Пришло время. Пиши, Зебунисо. Пиши!»

Откровение второе:
О ВЫБОРЕ ДОРОГ, О ТОМ, ЧТО СТОИТ ЗА КУЛИСАМИ УСПЕХА И ЖИЗНИ ПОСЛЕ СМЕРТИ

Одной бессонной ночью я размышляла о дальнейших шагах, намерениях, об издании второй книги и в голове постоянно вертелись вопросы: «Зачем мне всё это?», «Правильный ли я путь выбрала? Или всё бросить, и устроиться на постоянную работу?», «Есть ли вообще прок от моего творчества?», «Всевышний одарил меня пером, а будут ли читать мои стихи после моей смерти или я кану в Лету как многие бесславные поэты?». В этот момент пришла моя прекрасная Муза и сказала:

«Зебунисо, а помнишь, что сказала тебе твоя прабабушка, когда тебе исполнилось двенадцать лет?»

Я погрузилась в воспоминания. Это было много лет назад.

Лето, июль. Дядя гостил у нас в Худжанде и привёз меня в Душанбе, чтобы я провела лето с прабабушкой. Я очень сильно по ней скучала. Я встретила свой двенадцатый день рождения вместе с ней. Помню всё в мельчайших деталях. Прабабушка (царство ей небесное) в качестве подарка заказала портнихе новое платье из натуральной ткани. Оно было очень красивое с бежевыми и белыми цветами. Я обрадовалась этому подарку, потому что в Душанбе было очень жарко, гораздо жарче, чем в Худжанде. Мы приготовили моё любимое блюдо: жареную картошку с мясом и сели вместе за праздничный ужин. Прабабушка сказала: «Зебочон, сегодня важный день в твоей жизни. На востоке двенадцать лет- очень важная дата. Завершается первый двенадцатилетний цикл по Восточному гороскопу. Это твой «мучал»[1]. После первого мучала человек вступает в период взросления. Я очень хочу, чтобы в самые сложные моменты жизни ты знала, что мы – твои предки, все души умерших людей будем с тобою рядом.

---

[1] Мучал – завершенный 12-летний цикл в соответствии с восточным гороскопом. Первый цикл празднуется таджиками в год рождения человека. Согласно народным преданиям, наступление каждого мучала является важным периодом для человека, который он обязан принять с огромной благодарностью. Во время празднования мучала человек обязан раздать милостыню, взять одну из любимых своих вещей (одежда, ювелирное украшение), отдать нуждающемуся человеку и попросить у Бога одарить его следующим мучалом. Традиция уходит корнями в глубокую древность и, несмотря на приход ислама, сохранилась на севере Таджикистана.

Запомни, девочка моя: что бы ты ни делала, где бы ты не была, перед **тобою всегда будут две дороги**.

Одна дорога будет ровной и гладкой, она будет полностью усыпана цветами, блистать своей красотой. Эта дорога будет манить тебя, твои подруги могут сказать тебе: «Идём, следуй за нами. Смотри, какой хороший путь!» Но, ты не слушай их. Ведь эта красивая и лёгкая дорога ведёт к пропасти, из которой никто не сможет выбраться.

И тут же рядом будет другая дорога: она будет тяжелой, она будет пыльной, вся в ухабах и ямах. По краям дорогу будут украшать не цветы, а колючки. При малейшем дуновении ветра эти колючки будут пытаться сразу вонзиться тебе в ногу. Ты будешь воспитывать свою волю, ты научишься падать и снова подниматься; ты научишься мудрости: не позволять ветру дуть на эти колючки; ты научишься терпению, чтобы обходить стороной ухабы. Друзья будут толкать тебя в эти ямы, но ты научишься выбираться из них, сжав всю свою волю в кулак. Только так ты сможешь преодолеть этот непростой путь. Но, в конце этого непростого пути тебя ждёт прекрасный сад, наполненный деревьями твоих трудов. Плоды этих деревьев будут кормить тебя и твоих детей, а после твоей смерти и твоих внуков и правнуков. Поэтому, я очень прошу тебя, трудись, будь терпеливой и не поддавайся соблазну легкого и красивого пути».

Муза пробудила меня из воспоминаний своими словами:

«Зебунисо, а разве легко было тебе добиться успеха?»

Я ответила: «Очень трудно, дорогая. Ты же всё знаешь...»

Она сказала: «Не обижайся, пожалуйста, на меня за прямоту, но я должна сказать тебе об этом. У тебя есть одна нехорошая черта в характере: ты не говоришь о трудностях, о падениях, об ударах судьбы, которые переживала. Ты не говоришь о том огромном физическом и умственном труде, который ты выполняла и выполняешь, по сей день. Все видят лишь верхушку айсберга твоего успеха. Никто, кроме самых близких людей не видит твоих трудностей. Почему ты не рассказываешь людям о том, что перед твоей презентацией в Душанбе твой ребенок сильно заболел и ему, возможно, грозила операция? Ты хотела приехать к нему на сутки и уехать обратно, только бы не сорвать мероприятие. После двух бессонных ночей ты смогла еще провести эту презентацию и не ударить в грязь

лицом. Разве тебе было легко?

Почему ты не рассказываешь людям о том, что никто кроме твоих родителей материально не поддержал тебя, когда ты решилась издать свою первую книгу?

Почему ты не рассказываешь о том, что как трудно было пройти все этапы согласования, как вставляли палки в колёса, сколько критиковали?

Почему ты не рассказываешь людям о том, что прямо перед церемонией награждения ты не спала всю ночь и боролась с высокой температурой ребенка?

Почему ты не рассказываешь людям о том, как ночами напролёт ты сидишь и работаешь над книгами, над научной работой, потому что днём ты просто не успеваешь это сделать из-за домашних хлопот?

Почему ты не рассказываешь людям о том, как много раз ты получала удар ножом в спину от самых близких, доверенных и родных людей, друзей, коллег и подруг в самый неожиданный момент? Почему?»

Я посмотрела ей в глаза и сказала: «Моя милая Муза. В мире и так полно негатива, неудач, предательства и темноты. Я стараюсь вдохновлять людей и дарить им позитивные эмоции. Возможно, я делаю что-то неправильно, но я привыкла брать ответственность за свои поступки. Если я падаю, то молю Бога, чтобы он дал мне силы, чтобы я смогла встать. Я не жду помощи от кого-то и стараюсь не концентрировать внимание на плохих вещах. Самое главное для меня – идти честным и праведным путём. Пусть этот путь будет наполнен трудностями, но в конце пути я выиграю. Мои дети, мои родные, мои правнуки, дай Бог, будут ходить с высоко поднятой головой и им не будет стыдно за мои деяния...

Милая Муза, **каждый выбирает сам**, что важно для него и что нет. Я сделала свой выбор. Для меня важно, чтобы после моей смерти сказали: «Жаль, что не стало этого человека. Она несла добро и любовь. Она была праведной и не приносила боли и вреда людям».

Муза слушала меня, а из её глаз струился свет любви. Как много любви было в её глазах!

Она подлетела ко мне, обняла меня. В этот момент на мою руку капнул маленький бриллиант её слезинки. Я посмотрела в её глаза, а она прошептала:

«Ты не умрешь после смерти, Зебунисо. Ты будешь жить через свои стихи, через свои произведения, потому что через них будем говорить мы твои Музы. Наши сердца и наши слова наполнены истинной любовью. Любовью к миру, людям, к Создателю, к Родине, к жизни. Поэтому, пиши, Зебунисо...пиши!»

Когда-нибудь меня не станет...
Надеюсь, стих мой за меня,
Он говорить не перестанет,
Через года и времена...

Откровение шестнадцатое:
О ВСТРЕЧЕ ПО ОДЕЖДЕ И ВНЕШНЕМУ ВИДУ

В последнее время я наблюдаю тенденцию, что люди начинают относиться друг к другу по одежде. Такое отношение я замечаю как среди представителей старшего поколения, так и среди молодежи.

Несколько дней назад я вышла подметать улицу, участок около нашего дома. Со стороны я выглядела так: в платочке, в национальной одежде и сверху махровый халат, так как в Худжанде по утрам было уже холодно. Мальчик (сосед из нашей махалли) шёл в школу, прошел мимо меня, не поздоровавшись. На другой день, когда рано утром я шла на работу (уже в деловом костюме), этот же мальчик поздоровался со мной как принято по нашему этикету, положа правую руку на сердце. Я ехала в маршрутке на работу и задумалась об этом: «Откуда это всё берётся? Почему в головы насаждается мысль, что одежда –есть главный показатель для формирования отношения к человеку?»

В этот момент явилась моя прекрасная Муза и сказала:

«Зебунисо, а помнишь случай в аэропорту Стамбула? Вы шли на посадку, как вдруг сотрудники аэропорта попросили пассажиров расступиться, и на кресле-каталке привезли женщину. Она была очень бледной, одета очень просто...»

В моей памяти сразу всплыла эта картина. Я вспомнила, как ещё пара молодых сотрудниц, которые летели вместе с нами на выставку, с ухмылкой пробурчали: «Ну и вид у неё... одеваются же они...» Помню, как я

посмотрела на женщину, и мне стало очень жалко ее, захотелось помочь чем-нибудь. На ее одежду я даже не обратила внимания, я смотрела в ее глаза...

Муза продолжила: «Помнишь, как тогда, СЛУЧАЙНО, ты села в самолёт рядом с ней? Так было угодно Богу...»

Да, я прекрасно помнила этот случай. Тогда мои коллеги удивились, что посадочные талоны у них всех попались в одном ряду, лишь одна я отдельно, и совершенно СЛУЧАЙНО сидела рядом с этой женщиной...

«Помнишь, как твои коллеги говорили: «Ой, как тебе не повезло, да к тому же у этой больной тётки двое детей! Мы поспим, а тебе будет «весело»», – сказала Муза.

Нам предстояло лететь около 4 часов в Джедду, в Саудовскую Аравию, где проводилась Международная выставка по воде и энергетике, и наша компания вместе с партнёрами представляла разработки российских компаний. Перелет был долгим: сначала четыре часа из Москвы до Стамбула, потом пять часов ожидания второго стыковочного рейса и опять примерно четыре часа, ночью, лететь до Джедды. Поэтому-то мои коллеги и говорили мне, что мне «не повезло» сесть рядом с женщиной с детьми, оттого, что все мы хотели поспать во время перелета.

Я помню, ответила тогда им: «Да ладно вам, у меня тоже ребенок есть... ничего страшного... я понимаю, как это непросто, летать с детьми».

Самолёт взлетел, мы разговорились с женщиной. Она оказалась россиянкой, которая вышла замуж за араба, и после одиннадцати лет жизни в США они возвращались на родину мужа в Саудовскую Аравию. Нам было очень интересно общаться. Женщина оказалась хорошо образованной и эрудированной. Её звали Катя. Во время полета ей вдруг стало плохо: поднялось давление. Я помогала ей, чем могла: приглядывала за её младшенькой, которой было всего семь месяцев, развлекала разговорами её старшего сына, ему было около семи лет. Стюардессы в это время оказывали Кате необходимую медицинскую помощь. Во время полета мы обменялись с ней контактами, я рассказала о месте проведения выставки.

Самолёт благополучно приземлился в Джедде. Я искала Катю на паспортном контроле, но не увидела её. Я очень переживала и хотела удостовериться, что ей стало лучше. Мои коллеги сказали мне, что видели, как к трапу самолёта подъехал чёрный лимузин и увёз её. Я мысленно поручила Катю в руки Аллаха, и пожелала скорейшего выздоровления.

Мы занялись подготовкой к выставке, которая началась через два дня...

Муза спросила: «А помнишь, как Катя потом пришла к вам?»

В моей памяти всплыли воспоминания...

Это напоминало голливудское кино. В день открытия выставки Катя пришла к нам. Как потом сказали мои коллеги: «Она просто шикарная!» На ней была красивая абайя (черное одеяние, которое обязаны носить женщины в Саудовской Аравии), украшенная вышивкой ручной работы. Как я узнала позже от коллег, такие абайи носили представители аристократии в Саудовской Аравии. Её светлые волосы были красиво уложены и ниспадали на плечи, тёмный цвет абайи подчёркивал красоту её кожи и огромных голубых глаз.

Как оказалось, её супруг был очень влиятельным человеком и близким другом королевской семьи. Она рассказала ему про проблемы во время перелета и как я помогала ей. Оказывается, Катя сказала мужу: «Без неё я бы не выжила...»

Катя пришла на выставку, чтобы найти меня и передать просьбу своего супруга. «Он безмерно благодарен тебе за ту поддержку, которую ты мне оказала во время полета. Для нашей семьи будет большой честью организовать для тебя поездку в Мекку на Умру», – сказала она.

Я не могла поверить тому, что услышала!.. О поездке в святые места, в святую Мекку я мечтала, но даже и не предполагала, что когда-нибудь это случится!

Я попросила разрешение у руководства компании. Мне дали добро, и в назначенный день и час за мной приехала машина: Катя и её супруг отправили сопровождающих, обо всём договорились, и я увидела это благословенное место... При входе в мечеть Аль-Харам я прочитала положенную молитву и попросила Аллаха зачесть это паломничество для своей прабабушки (рухашон шод бод!). Она так мечтала поехать в Мекку... Я совершила все обряды и молилась... со слезами на глазах. Мысленно я обратилась к своей любимой прабабушке и прошептала: «Мои

глаза – Ваши глаза, эти святые места видите Вы, моя дорогая Оначон».

Всю мою сущность переполняли радость, благодарность, счастье и любовь одновременно. Мне тогда казалось, что это волшебный сон, и я боялась проснуться... Надеюсь, что Аллах удостоит меня возможности оказаться там ещё раз...

Голос Музы пробудил меня от воспоминаний:

«Зебунисо, а если бы ты оценила эту женщину по одежде и отнеслась бы к ней с высокомерием? Если бы ты не помогла ей, а просто пересела бы на другое место, как советовали твои коллеги? Если бы ты не сделала добро, **каким** было бы продолжение истории этой **случайности**?»

Я задумалась: «Действительно, всего этого прекрасного просто НЕ БЫЛО бы...»

Муза заключила: «Как же я желаю вам, людям, избавиться от привычки встречать по одёжке! Если для вас человек – это всего лишь лицо, одежда и внешность, тогда какая разница между человеком и картинкой? Почему вы не смотрите глубже, в душу? Бог смотрит и оценивает вас по вашим сердцам и душам, а не по одежде, которую вы носите...»

В глазах моей прекрасной Музы читалось сожаление, переживание и любовь. Любовь к нам, к людям... ведь каждый человек – результат творения великого Творца и искать изъян в людях – это, то же самое, что считать себя лучше самого Бога...

Я ожидала, что Муза опять скажет: «Пиши!», но она не сделала этого, а просто заключила с улыбкой: «Я – Муза Прозы... Мы с Музой Поэзии решили, что ты тоже нуждаешься в отдыхе, и нам хотя бы изредка необходимо посещать тебя по очереди».

Сказав это, она спросила: «Ты всё успела записать, Зебунисо?»...

Откровение семнадцатое:
ОБ ЭТИКЕТЕ ПРИВЕТСТВИЯ ИЛИ КАК САЛОМ[2] СПАС ЖИЗНЬ

По правилам нашего восточного этикета, когда здороваешься, необходимо приложить правую руку к сердцу и слегка поклониться, в знак уважения.

---

[2] Салом – в переводе с арабского языка «мир» – правило этикета в Таджикистане, которое необходимо выполнять при встрече. В зависимости от пола, салом совершается по-разному. Мужчины при встрече с мужчиной здороваются за руку и слегка кланяются. Мужчина при встрече с женщиной должен положить правую руку на сердце и слегка наклонить голову в знак уважения. Женщина при встрече с мужчиной также выполняет салом. При встрече двух женщин (при близком родстве или знакомстве) женщины не только кладут сердце на руку, но еще обнимаются и целуются в щеку.

Однажды утром я шла на работу и, увидев соседку, поприветствовала её. Тут ко мне явилась моя прекрасная Муза Прозы и сказала:

«А помнишь, как в далёкие девяностые годы "Салом" спас жизнь твоего Папы?»

Я погрузилась в воспоминания...

Это случилось в годы гражданской войны. Папа отправил нас поездом из неспокойного в Душанбе в Худжанд, а сам остался, чтобы завершить дела и позже приехать к нам. Как он рассказал нам потом, это был последний поезд, потому что железную дорогу взорвали.

Я на всю жизнь запомнила ужасы войны... По нашей улице ходили танки, толпы людей собирались на митингах на центральной площади, постоянно где-то были слышны перестрелки, автоматные очереди... везде орудовали мародеры... а одну девочку с нашей улицы украли и «обменяли» у боевиков на оружие...

Как рассказывал Папа, были дни, когда ему приходилось даже перепрыгивать через трупы, когда он шёл к нашему дому (а жили мы в центре города).

Для того чтобы ценить мир и процветание, в котором мы сейчас живём, необходимо помнить эти скорбные страницы истории нашей страны...

Папа быстро продал наш дом и перевёз мою прабабушку в более спокойный район города, ближе к другим родственникам.

Но и до этого района «добрались»... Папа и прабабушка рассказывали о тех событиях: жили они в квартире на втором этаже четырехэтажного дома, который стоял прямо напротив парка Айни. Там расположились боевики. А с другой стороны дома, чуть выше, были расположены правительственные войска. Целые сутки шла перестрелка. Папа и прабабушка передвигались ползком по квартире, потому что было опасно даже поднять голову (шальная пуля могла ранить).

Электричества не было, телефонные линии были повреждены, подача природного газа также была отключена. В доме не было ни воды, ни связи... ничего.

Наконец, к утру всё стихло. Папа потихоньку встал и осторожно вы-

шел на улицу с ведрами, чтобы принести воды.

Вдруг он заметил соседа, который жил этажом ниже. Папа, как подобает этикету приветствия, поздоровался с ним и поклонился. Как вдруг! Прямо над его головой… со свистом пролетела пуля…

Как потом они узнали, оказалось, что снайперы боевиков просто «баловались» и искали мишень для «оттачивания» мастерства стрельбы…

Муза вернула меня из моих воспоминаний своими словами: «Салом карзи Худо (то есть «Приветствие – это ваш долг перед Богом»), а тогда исполнение этого долга спасло жизнь твоему Папе.

Как печально, что люди сейчас изменились…Они забывают о многом: об истории, о культуре, этике…

Мне становится очень грустно, когда я вижу, какими высокомерными вы становитесь, когда получаете должность или большую прибыль».

Эти слова Музы заставили меня вспомнить нескольких знакомых, которые очень изменились с увеличением количества доходов. Они высокомерно отворачивались, когда я хотела поприветствовать их… Я понимала, что Муза говорит о реалиях нашей жизни.

Муза заключила: «А ведь всё это: деньги, власть, положение – не вечно… Ведь может наступить день, когда те, с кем они не здоровались, окажутся в лучшем положении, чем они…»

Муза, которая шла всё это время рядом со мной, вдруг вспорхнула… Она укрыла меня крыльями, посмотрела в глаза и с улыбкой сказала:

«Пиши, Зебунисо… расскажи людям об этой истории, чтобы они ценили свою культуру и этику поведения. Именно это и было изюминкой Востока на протяжении многих тысячелетий…

Они так много говорят о своих правах, что начали забывать об обязанностях…и даже о простой обязанности приветствия… а ведь выполнение правила Салома когда-то, кому-то спасло жизнь!»

КИРИЛЛ САЗОНОВ

26 лет, родился в маленькой, дождливой Голландии в русскоговорящей семье. Трижды с энтузиазмом поступал в высшие учебные заведения – интернациональный бизнес и экономика, международные отношения и программирование – и также регулярно бросал учебу. Основал фирму – виртуальная платформа трансакций криптовалюты. Разрабатывает свою видео-игру, пишет прозу, стихи и музыку. Себя характеризует как еще молодого, предприимчивого человека без официального подтверждения в виде диплома. Любит путешествовать и своего кота Эдвина IV фон Бисмарк-Штайнбек – повелителя когтеточек, покорителя клавиатур и любителя микроволновых блюд! Автору кажется, что прочитав его стихи, рассказ и роман, читатель больше узнает и поймет его.

В ПРЕДДВЕРИИ

С возрастом мы все приобретаем много ценного, но и теряем при этом немало. Наше тело стареет, волосы опадают, как листья осенью, но после бурных сезонов и жизненных потерь мы все же находим что-то очень важное – мудрость и, безусловно, терпение.

Джордж Фицпатрик, перешагнув восьмидесятилетний рубеж, был очень хорош в проявлении терпения. С тех пор, как много лет назад умерла его жена, Джордж проводил свои дни одинаково одиноко, монотонно раскачиваясь взад и вперед в старом кресле и поглядывая со своей веранды на равнины Южной Дакоты.

Он терпеливо ждал гостя. Прошло уже несколько месяцев с тех пор, как заезжал его сын Роберт. Он пообещал наведаться снова, как только сможет.

Поэтому старик ждал и... ждал.

Второго июня ровно в полдень наконец появился гость, однако совсем не тот, кого ожидал мистер Фицпатрик.

Услышав скрип деревянных половиц под напором энергичных шагов, взволнованный старик произнес с надеждой:

– Роберт, это ты?

– Боюсь, я не Роберт, мистер Фицпатрик, – ответил незнакомый голос.

Старик был уверен, что после всего пережитого в жизни, осталось совсем немного, что могло бы его удивить. Тем не менее, он был явно обеспокоен и даже слегка испуган, когда увидел перед собой неизвестного молодого человека, одетого во все черное: костюм, носки, галстук и даже рубашка была с черными пуговицами.

– Чем могу вам помочь, молодой человек? – спросил Джордж, заглядывая в черные глаза незваного гостя, и сразу дружелюбно предложил, может, чашку чая?

– О, спасибо за Ваше гостеприимство, но, пожалуй, я откажусь, – вежливо ответил незнакомец.

– Я ведь не сделал ничего плохого? – спросил Джордж тревожным голосом.

Откуда он узнал мое имя?

Насколько пожилой мужчина знал, он всегда вовремя подавал налоговые документы и заранее оплачивал все свои счета.

– Нет, абсолютно ничего! – воскликнул молодой человек и вдруг с легким смущением добавил: – Ах, где же мои манеры? Меня зовут Азраэл! Я здесь, чтобы сообщить, что Ваше время пришло. Вернее, я пришел...

– Мое время...? Извините, но я не совсем понимаю Вас.

– Всё хорошо, мистер Фицпатрик. Конечно, для Вас это звучит несколько странно, – признался Азраэл и перевел взгляд на свои абсолютно...

О, вы догадываетесь какого цвета были стрелки часов? Правильно... черные.

– Примерно через тридцать восемь секунд Вы должны умереть от остановки сердца. Не волнуйтесь! Вы не почувствуете боль! Ведь я здесь, чтобы доставить Вас к мистеру Питеру[3] Он очень пунктуален в отношении

---

[3] Автор подразумевает апостола Петра, хранителя райских врат.

своих встреч, поэтому у нас мало времени, чтобы тратить его впустую... Прошло уже двадцать семь секунд, если быть точным.

– Мне жаль, Азраэл, однако я не могу этого сделать, – спокойно ответил Джордж, несмотря на полное понимание только что услышанных зловещих слов.

– Что ж, очень хорошо! Значит, через год? – с необычайной легкостью согласился гость. Ангел дружелюбно кивнул и улыбнулся на прощание.

– Вы уверены, что не хотите чаю?

– Может быть, в следующий раз, мистер Фицпатрик. У меня необычайно плотный график, увы, мне пора. Пока! – прозвучало в ответ и Азраэл бесследно исчез.

Озадаченный тем, что произошло, Джордж снова перевел взгляд на зеленые равнины перед собой, задаваясь вопросом, не ветер ли минуту назад принес оттуда этого странного парня.

Время текло, как воды реки Миссури, а Джордж все терпеливо и неустанно ждал, когда сын навестит его.

Спустя ровно 365 дней снова пришел тот же посетитель. На этот раз, услышав, как, скорей всего, черные каблуки его черных ботинок стучат о деревянный пол веранды, мистер Фицпатрик, казалось, испытал большее разочарование, чем недоумение.

– И снова здравствуйте, мистер Фицпатрик, – произнес Азраэл, возникнув из глубокой тени, идеально подходящей к его черным волосам.

– Мне показалось, что у Вас сегодня плохое настроение? Надеюсь, не я тому причина?

– О... не совсем, просто я ждал другого человека, и ты вряд ли в этом виноват. Как насчет чашки чая на этот раз? – снова предложил Старик.

– Очень мило с Вашей стороны, но моя обязанность – вновь передать Вам предложение мистера Питера. Вы готовы на этот раз пойти со мной?

– Мне очень жаль, Азраэл... Должно быть, я выгляжу сейчас как упрямый старый мул, но, боюсь, мне опять придется сказать нет, – покачав головой, извинился Джордж.

– Ну что ж, тогда до следующего года, – сказал гость, прежде чем растаять в воздухе.

– Ты уверен, что не хочешь выпить чашку чая?..

Но только ветер услышал слова старика.

Шли годы и каждый раз второго июня повторялся подобный скоротечный разговор.

Сегодня было ровно семь лет с момента их первой встречи.

Джорджу осталось подождать несколько секунд, чтобы убедиться, что его пунктуальный посетитель, как всегда, прибудет ровно в полдень.

– Снова здравствуйте, – раздался голос именно в тот момент, когда в гостиной часы пробили двенадцать раз.

– О, привет, Азраэл!

– Извините, мистер Фицпатрик, понимаю, что я не тот, кого Вы ожидали, но думаю, Вы знаете, для чего я здесь.

– Да, но я ждал тебя и даже позволил себе приготовить для тебя чай. Конечно, у тебя совсем нет времени, иначе ты бы не надел солидный черный костюм! – Джордж улыбнулся, наливая чай себе и своему гостю.

– Вы знали? Признаться, не ожидал, что Вы столь наблюдательны! – Ангел усмехнулся. – Я действительно живу по часам, мистер Фицпатрик!

– Что за формальности? И это после стольких лет знакомства! Пожалуйста, зови меня просто Джордж и... присядь наконец, поболтаем, выпьем чайку!

– Хм... Кажется, и в самом деле у меня есть немного времени. Чудеса современной медицины, верно? Очевидно, такие свободные минуты и есть Божье благословение, – заметил Азраэл, с удовольствием усевшись напротив своего старого знакомого.

– Послушай, если не возражаешь, ээ... хочу спросить, почему такой пунктуальный и прилежный парень, как ты, закрывает глаза на старого чудака, как я?

– Джордж, дорогой Джордж! – весело улыбнулся Азраэл. – Ты не поверишь, но за столько тысячелетий ты – первый и единственный из миллиона миллионов, кто предложил мне чашку чая!

С нескрываемым удовольствием он поднес напиток к своим совершенно черным губам и сделал маленький, аккуратный глоток.

– Великолепный вкус! Я просто обожаю черный чай!

– Тогда еще чашечку?

– Джордж, я бы с удовольствием, но, к сожалению, у меня совсем нет на это времени, разве что, полюбопытствовать... позвольте Вас кое о чем спросить?

– Конечно, Азраэл. Если я знаю ответ, то непременно поделюсь с тобой.

– Не мое это дело об этом спрашивать, ... но кого именно Вы так терпеливо ждали все эти годы? – на лице Ангела застыло выражение с трудом скрываемого любопытства.

Как только эти слова коснулись ушей мистера Фицпатрика, он медленно перевел взгляд на равнины. С печальной улыбкой старик смотрел вдаль.

– Моего сына, Роберта! Понимаешь, он обещал приехать ко мне, вот я и жду его... до сих пор.

– О, Небеса! – воскликнул Азраэл. – Почему же Вы сразу не сказали мне об этом? Пойдемте, я отведу Вас к нему!

ВЕРА СЫТНИК

Родилась в Комсомольске-на-Амуре. Окончила Омский государственный университет (филологический факультет), работала журналистом, музыкальным руководителем, преподавателем русского языка и литературы, автор пособия по мировой художественной культуре для школ. Пишет с 2007 года, автор семнадцати книг для детей и взрослых, участник многочисленных коллективных сборников, составитель коллективных сборников по внеклассному чтению, член жюри многих литературных конкурсов. Состоит в Китайской народной ассоциации дружбы с зарубежными странами, преподаёт русский язык в Китае. Осуществляет деятельность, направленную на сближение русской культуры и китайской культуры. Победительница многих международных литературных конкурсов в номинациях «эссе», «рецензия», «сказка», «малая проза». Публиковалась в журналах и альманахах России, Беларуси, Болгарии, Германии. Член ТО ДАР (творческое объединение детских авторов, Москва), Международной гильдии писателей (Германия).

УНДИНА

Каждую субботу, взвалив на плечо стул, Майкл идёт на пляж, стараясь успеть, пока не начался прилив. Берег Бохайского залива глубоко вдаётся здесь в сушу, на которой расположилась часть пятимиллионного города Янтай. Гулять здесь одно удовольствие, рядом с домом и относительно безлюдно. Китайцы предпочитают центральную набережную, в нескольких километрах отсюда. Майкл – двадцатисемилетний англичанин. У него запоминающаяся внешность: он очень высок, худощав, почти жилист, с копной рыжих, сильно вьющихся волос, с рыжей длинной бородой, которая ничуть не делает его старше, а только подчёркивает лихую молодцеватость узкого, с веснушками, лица, и напрочь лишает серьёзности его голубые смеющиеся глаза.

Все девушки, попадающиеся навстречу, хихикают в ладошки и мечтательно смотрят ему вслед. Неизвестно, что больше вызывает их удивление, рыжая борода Майкла или стул на его плече. Впрочем, ему всё равно. Суббота – день медитации, не до китаянок, впадающих в столбняк от одного только его взгляда. Сегодня надо сосредоточиться на себе. Майкл пробегает через узкую набережную, прыгает по каменным ступенькам вниз, на песок и, достигнув середины между ними и кромкой волн, замедляет шаг. Устанавливает стул, скидывает с себя обувь, верхнюю одежду и садится. Недолго смотрит в сторону отступившей воды, на ровное морское дно, над которым несколько часов назад плескалось море, настраивается, прислушиваясь к мыслям, и закрывает глаза.

Эти минуты свободы, отданные соприкосновению с духом природы, Майкл проводит один, приходя сюда ради вдохновения. Он художник. Правда, сейчас живописью не занимается. Преподавание английского языка в школе – ради этого он приехал в Китай, надеясь подзаработать денег для поездки в Италию – ночные бары, барбекю, путешествия по окрестностям, катание на скейтборде занимают всё время. Но вторая половина субботнего дня неприкосновенна.

Сидя недалеко от воды, Майкл отдаётся осмыслению творческих планов. Он представляет, что из моря появляется волшебная гигантская черепаха, блестящая, с панцирем, словно обеденный круглый стол, с хитрой змеиной головой и с мощным, похожим на фаллос хвостом. Царапая песок тяжёлыми когтистыми лапами, она оглядывается, обдавая берег взором магических глаз, и двигается дальше. Майкл видел такую на старинном свитке в музее, правда, та выползала из великой реки Хуанхэ, но это не важно, ведь Хуанхэ впадает в Жёлтое море, на берегу которого он сидит, поэтому мысли Майкла текут, не останавливаясь. Он размышляет о том, что китайцы правы, считая, что рисунок на панцире черепахи, впервые замеченный мудрецом там, на берегу Хуанхэ, дал начало их письменности. Невозможно найти в природе что-нибудь ещё, что бы так же сильно напоминало иероглифы.

Ему хочется написать об этом картину: про замысловатые переплетения линий и чёрточек, про черепашью броню, рассчитанную на тысячи

лет вперёд, про иероглифы, которые нельзя придумать ... хочется написать потом, в будущем, возможно, когда вернётся в Англию. Но и сейчас, находясь под впечатлением фантазий, он не в силах просто так освободиться от неё, поэтому Майкл встаёт. Взяв в руки ветку от бамбука, прибитую к стулу ветром, начинает писать иероглифы на песке: 福 (счастье), 永 (вечность), 智 (мудрость), 爱 (любовь). То немногое, что выучил за год и что пишет, подражая китайцам, убежденным в необходимости отдать желания воде, тогда уж они точно исполнятся. Майкл рисует крупно, глубоко, стараясь не наступать на линии, чтобы они сохранились, не засыпались до прилива. Подумать только, останавливается он, разглядывая своё творение. Где родная Англия, скучающая в сытом благополучии, вечно сырая и недовольная? Как далека она от этого удивительного пляжа! Как не похожи её серые туманы на оранжевую от солнечных лучей дымку, невесомо повисшую в воздухе!

Однажды Англия напомнила о себе, приблизившись к Майклу в виде скульптуры – ундины, вылепленной из мокрого песка молодым китайцем, одетым в чёрные трусы и в чёрную же рваную майку. Пристроившись неподалёку, он принялся ковыряться в песке. Майкл не обращал на него внимания до тех пор, пока рядом с парнем не начала собираться толпа. Люди подходили, удивлённо качали головами, рассматривая что-то под ногами, и расходились, переговариваясь. Майкл не выдержал и тоже подошёл. То, что он увидел, поразило его своим совершенством и неожиданностью. На обнажённом морском дне лежала, прижавшись к нему спиной, прекрасная девушка из песка, с рыбьим хвостом, конец которого напоминал узорчатый китайский веер. Слегка изогнувшись, она уронила одну руку вдоль тела, а другую положила на голую грудь. Её волосы врастали в песок, словно густые водоросли, глаза были закрыты, а в каждой руке она держала по морской звезде.

Майкл пригляделся к скульптору: обыкновенный китаец, откуда он знает про ундину?! Откуда такая тонкость в передаче тоскующего по любви тела? Печального настроения, видного на лице девушки? Для этого, по крайней мере, надо хоть раз побывать в одном из музеев Англии и наткнуться на работы Питера Хурда или Артура Ракхема, чтобы, увлекшись красотой древних мифов, привезти память о них в свою страну.

Майкл понимающе усмехнулся – парень, должно быть, недавно вернулся из Англии и с энтузиазмом человека, открывшего для себя другой мир, не похожий на собственный, воссоздаёт его на родном берегу Жёлтого моря.

2013, Китай, Янтай

CATHIE CAYROS

Родилась в Москве, около тридцати лет проживает во Франции на границе со Швейцарией в живописном местечке французской деревни XIV века, на берегу Женевского озера Lac Léman, любимой художниками и поэтами прошлых столетий. Врач, доктор медицинских наук. Совсем недавно встала на путь литературного творчества. Именно медицина позволила ей хорошо понять психологию человека, его сущность, его характер, оценить его чувства и причины его состояния. Написала шесть лирический повестей и более десяти эссе. С ноября 2020 года член Союза писателей Северной Америки. Заняла третье место на конкурсе «Открытая Евразия – 2020» в категории «Проза». Внимания жюри удостоилась ее лирическая повесть «История моей глупости» на английском языке.

АРАБЕСКИ ОСЕНИ

Само слово осень навевает воспоминания, будоражит твои чувства и окутывает тайной бытия. Золотой венец величия природы по праву отдан ей, он переполнен сиянием и блеском осенних красок. Она в своём великолепии как знатная женщина полна достоинства и гордости, мудрости и страсти. Бесспорная красота, воспетая веками, принадлежит осени. Её корона украшена рубинами и жемчугами, самоцветы играют в солнечном и лунном свете, испуская магические лучи, озаряя и завораживая все вокруг. Дива дивная, красавица, покоряющая сердца и оставляющая свой след словно радужный шлейф, который меняется день ото дня. Скоро, совсем скоро, она отдаст свои полномочия, и её престол опустеет. Но сейчас она приглашает вас в свою обитель: любуйтесь мной, наслаждайтесь, заберите с собой мое очарование и мою зрелость. Щедрость осени, её дары неоценимы, изящны и ароматны, с запахом муската, корицы и шафрана – весь букет пряностей.

Легкое дуновение ветерка и первые листочки исполнили свой трепетный танец как дебютантки, парящие в вальсе. Их партнеры кружат и обнимают тонкие талии, упиваясь нежным запахом. Ветер то подбрасывает желтые листья, вознося их к небесам, то вновь опускает на землю. Умудрённый опытом партнёр, он ни одно поколение сжимал в своих объятиях хрупкие стебли. Игривый, ласковый, вальсируя, дурманит головы, увлекая в свой водоворот. Затем мятежный, резкий, не терпящий возражений, собирает всех в кучу, учиняя расправу. Он бросает опавшие листья к дороге, где их ждёт неминуемая гибель, или создает из них шедевр в виде ковра необычайной красоты с утренней бриллиантовой россыпью. Листопад – отличительная особенность осени, как весенний ледоход, как августовский звездопад, как январская снежная буря, он украшение и музыкальное прощание, шелестящее на ветру.

Любовь, она не обошла стороной чаровницу. Воздух вибрирует от эмоций, насыщенный чувственностью и желанием. Красавица понимает, что время, отпущенное для неё, скоро закончится и сейчас надо насладиться каждым мгновением своей жизни. Она от чистого сердца дарит тепло и ласки, заключает в свои объятия, чтобы запомнили и вернулись к осенним сладостным дням. Прозрачные струи дождя, напоминающие слезы, навевают грусть расставания. Осень никогда не говорит прощай, она говорит до новых встреч, давая нам надежду и укрепляя нашу веру, что все повторяется, утверждая тем незыблемость созидания.

ЭЛЕГИЯ СТАРОГО ТАНГО

Пустой зеркальный зал застыл в ожидании. Воздух наэлектризован, он вибрирует, минута, другая и свершится прыжок в бездну чувств. Мощный взрыв эмоциональной силы разнесёт эту комнату на части в страстном порыве, чтобы затем объединить любовь и музыку в одно целое – танец под названием Танго!

Напряжение нарастает, и вот первые ласкающие слух музыкальные аккорды возвещают о готовности к исполнению и участию в магической церемонии танца.

Её грациозная походка, размеренные и просчитанные шаги, гипнотизируют. Шорох платья, лёгкий, едва уловимый стук каблуков, изогнутые, несколько отведённые назад руки, подчёркивают ритм её движения, а волнистые волосы касаются прелестного лица и плеч. Она вплывает в этот зал словно яхта на алых парусах, входящая в залив. Изгибы её тела подчёркивает тонкая шелковая ткань, она колышется при каждом шаге, привлекая внимание и взгляды окружающих. Завладеть партнером и околдовать его – задача не из легких!

Он идет ей навстречу небрежной походкой, отстукивая музыкальный такт, уверенный, стройный, мускулистый, с бронзовым отливом кожи. Уже от первых мелодичных звуков захватывает дух, они вызывают приятное волнение и лишают выдержки. Присматриваясь к своей партнёрше, он любуется ею и стремится пленить её.

Крепкие, дерзкие мужские руки касаются трепетного тела, вся страсть танца одновременно охватывает их, дурманя.

Музыка от такта к такту усиливается, сначала медленно, затем нарастая и пьяня, она уже соединила эти тела и души в едином зажигательном и темпераментном движении. Обжигающие взгляды и волна желаний поглощают эту пару в экспрессии танца. Нога партнёрши крепко обнимает его бедро, притягивая к себе и обещая наслаждение. Он не способен сопротивляться и как зачарованный, в такт лишающей рассудка музыки, увлекается за ней. Но вдруг опомнившись, он на мгновение отбрасывает женщину, не отпуская руки, а потом, не в силах сопротивляться искушению, опять погружается в туманящую магию. И она вся, изогнувшись, позволяет ему прикоснуться к её лицу, имитируя поцелуй. Но жар сердец, подобно яркому пламени, обжигает их губы. Вся процедура танца повторяется вновь и вновь, усиливая с каждой минутой кульминационный музыкальный момент.

Красавица пользуется своим преимуществом, её аромат и гибкий стан, томный взгляд и властный зов, говорят о том, что она повелительница – чаровница. Шаг за шагом, наступая на партнёра, используя своё колдовское очарование, она завоёвывает его пространство, беря в плен непокорное сердце и делая своим рабом. Последние преграды под действием её чар спадают, туманя его разум, и, окончательно поддавшись соблазну, он припадает к её ногам.

Мелодия аргентинского танца достигла своего апогея, она как лист на ветру, кружа в безумном ритме, то поднимает на невообразимую высоту, то вновь опускает, заставляя сердца биться с новой силой.

Затихли последние ритмы танго, но атмосфера таинственности ещё продолжала оставаться в тиши зала, и лишь биения сердец исполнителей нарушали эту тишину.

Зрители разразились овациями, и эти бурные аплодисменты вернули танцующую пару в реальность.

В нашей жизни всегда есть место танцу, увлекающему тебя в прекрасное, на время уводя в воображаемый, чарующий мир музыки. Не забывай об этом!

ТАТЬЯНА ТРУБНИКОВА

Кинодраматург, член Союза писателей России, Союза писателей Северной Америки, Академии Российской словесности, Интернационального союза писателей. Автор сборников рассказов «Знаки перемен» (2009 г.), «Во имя прави» (2019 г.), «Disrupted Breath» (2020 г.). Работала в соавторстве над телесериалом «Любовь слепа» продюсерской студии 2V по романам Е. Вильмонт. Ее роман «Танец и Слово» о любви Изадоры Данкан (Айседоры Дункан) и Сергея Есенина удостоен литературной премии имени М. Пришвина и заслужил множество положительных отзывов критиков и читателей. Переиздан издательством «РИПОЛ-классик» в 2015 году. Интервью с писателем были опубликованы Издательством «Подмосковье», журналом «Горизонты культуры», альманахом «Литературное Подмосковье» и другими изданиями.

ЛЕДЕНЦЫ

Аби – по-татарски «бабушка». Но это для меня. Когда-то она была только айны – мама. Для моей мамы. Когда маме было всего шесть лет. У нее было пять братьев и сестер. Конечно, она была младшей. Но так недолго, что не успела понять, что это значит. Да и не могло это ничего значить в 1949 году. Как аби вырастила шестерых? Уму непостижимо. Работала день и ночь. Дети тоже работали. С десяти лет.

Но не в то лето. В то лето маме было только шесть. Аби отправила ее в летний лагерь. Он стоял так далеко от всех проезжих дорог, что до него не ходил автобус. Можно было только приехать на машине.

Каждое воскресенье лагерь наполнялся радостным ожиданием, сбывшимся ожиданием, счастливыми проводами. Ко всем приезжали мамы и папы. И привозили вкусное. Только мама все ждала, ждала. Она знала, что у нее маленький братик и что аби ждет еще одного. Но как в это вникнуть ребенку, особенно, когда есть так хочется?

Мама не брезговала доедать огрызки, которые ей отдавали ребята. Редко-редко ее угощали чем-нибудь еще. Но дети умны: зачем угощать, когда надеяться на ответный жест нечего?

И вот однажды, когда день уже близился к концу, а все родители собрались уезжать, мама вдруг увидела аби. Она стояла, опираясь на ограду, не в силах двинуться дальше. Улыбка была на ее измученном лице.

Она пришла пешком.

Через все леса.

В руках у нее ничего не было.

Мама бросилась к ней и обняла. На них смотрели другие дети и их родители.

И вдруг аби взяла мамину ладошку. Раскрыла ее. И пересыпала из своей руки маленькие, самые дешевые леденцы. Желтенькие солнышки. Леденцы она принесла без кулька, без пакета. Прямо в руке. Они были теплые и немного слипшиеся, потому что были согреты теплом ее ладони.

Когда она ушла, мама со всеми поделилась своими леденцами. Со всеми, кто хотел их взять.

ТАНЕЦ И СЛОВО
(отрывок из романа)

Когда оставались одни, Исида устраивала ему жуткие сцены. Плакала навзрыд, умоляя не возвращаться в Россию. Ей было так провидчески страшно, что ноги слабли. Она опускалась перед ним, обхватывала его колени. Он ее толкал. «Да хватит!!!»

«Серьёожа! Нет! Россия – death, la mort!!! Серьёооожа!!!»

«Да не верещи ты! Как же противно ты верещишь! Удаф, удаф! Сам знаю... Только я ведь не могу по-другому... Сидора!!! Мне нужна виза!!!»

Что же ей сделать, что придумать, чтобы удержать от этого гибельного шага?! Вернуться – это его воля. Он все понимает. Снова плакала. От бессилия. Ей казалось в такие минуты, что она – маленькая девочка. Вокруг полыхает огонь, чьи-то руки несут ее, беспомощную. Это злой рок.

Это ее проклятье. Неужели и на Сережу она навлечет то, что преследует ее с рождения? То, что касалось всех ее близких, волею судьбы стоявших рядом с ней... Дар жизни и смерти. Все, что она хотела - дать милому долгую жизнь...

Сергей вспоминал недавние слова Сандро, больно резанувшие по сердцу: «Тебя в России никто не ждет. Ты не нужен там никому. Оставайся. Неужели неясно: тебя специально выпустили. Чтоб ты не вернулся... Так сейчас всех отпускают. Радуйся, милый. Поверь мне, я знаю, что говорю...» Снова Сергей подумал, что его друг – не друг ему вовсе... Знает слишком много. Иуда!

Выезжали в самом конце июля. Стояла жара. Париж был ярок, душен, суетлив и как-то нестерпимо отвратителен Сергею. Он ехал на вокзал и не верил... Исида была убита и печальна. Говорить ей не хотелось. Слез уже не было. Такую обреченность чувствует только человек, который сделал для спасения жизни все, но проиграл... Что остается? Ждать приглашения на казнь. Даже верная Жанна оставила ее. Вспомнила, как два года назад отправлялась в неизвестную, новую Россию, в этот первородный Эдем, чувствуя в себе силы жить, начать все заново, с чистого листа. Тогда она ничего не страшилась. Возможность гибели вызывала на лице лишь счастливую улыбку. Что ж теперь? О, ей теперь есть чего бояться! Потому что отдала свое сердце. Она везет своего любимого мальчика, юного гения, чистое воплощение Орфея, в жуть и смерть. И ничего, ну, ничего сделать с этим не может! Слезы и мольбы уже не спасут... Для женщины это невыносимо мучительно – она никогда не может понять, что слезы не помогут.

Смотрела, как Сандро что-то долго говорил Сергею на прощанье, стоя на перроне. Целовал его трижды.

Наконец, поезд тронулся. Без остановки – через Бельгию, в Берлин.

У Сергея под стук колес все звучал в ушах этот последний разговор с Сандро. Тот сказал:

– Не думай о себе, что ты такой избранный. Ну, да, поэт ты неплохой, в целом... Люди тебя слушают. Только ведь там не посмотрят на это... А точнее, как раз это и погубить может. Обратного пути тебе сюда уже не будет... Впрочем... ты сам выбрал. Верно? Это твой крест, твоя судьбина. Вот и подымай...

С тихим, шевелящимся ужасом думал, что Сандро может оказаться прав. Он много видел, он другой теперь... с него спросят. Все – от простого люда, с жадностью слушающего его стихи, до тех, кто даже стул не предлагает присесть... Человек в черной перчатке, Лейба Троцкий – тоже спросит. Они равны. Он в политике, Сергей – в поэзии. Два царя в разных царствах. Настолько несродные, как черное и белое, как тьма и свет. Один – воплощение гения террора, мирового господства и смерти, а другой – синей ласковости древней Руси. Той Руси, что живет в нашем Слове. Ведь не смог он в Париже остаться! Да, сам выбрал. Добровольно. Даже страшный путь, если он истинный, можно принять только добровольно. Взвалить его на свои плечи. И взойти на гору. Иначе он не имеет смысла...

Нить

ОЛЬГА ЧЕРНИЕНКО

По образованию музыковед. Долгие годы проработала старшим научным сотрудником в Государственном центральном театральном музее имени А.А. Бахрушина. Руководила творческим объединением «Диалог». Автор книг о современной музыке. В настоящее время пенсионерка, проживает в Подмосковье. Прозу (рассказы о животных) пишет с 2012 года. Лауреат международных литературных премий, член Интернационального союза писателей и Российского союза писателей, действительный член Международной академии русской словесности.

ГОВОРЯТ, БОГ СМОТРИТ НА ЛЮДЕЙ ГЛАЗАМИ СОБАК

– Проваливай! И скажи спасибо, что не усыпил! – дверца автомобиля захлопнулась, машина умчалась вдаль. На обочине шоссе остался пёс. В сумерках он казался крупным, ширококостным – на самом же деле, это был всего лишь пятимесячный щенок алабая. Малыш бросился вслед, но сил у него было слишком мало, чтобы догнать автомобиль.

С трудом переставляя неуклюжие лапы, запыхавшийся пёсик медленно побрёл вдоль шоссе.

Куда идти? Где дом? Хозяин?

Вокруг ни души, по пустынной трассе лишь изредка пролетали машины, ослепляя щенка огнями фар...

Темнело. Короткий зимний день подходил к концу.

Малыш сел на обочину, завыл, зарыдал...

Он плакал, как плачут все брошенные маленькие дети – о том, что никто во всем белом свете, не любит его и не ждёт.

Его мир рухнул...

Всего пару дней назад он жил в теплой квартире, с родным и безумно любимым, человеком. Щенку повезло – ему достался добрый хозяин, предназначенный свыше, о чем говорила собака-мама, когда он был совсем маленьким:

– Создатель послал нас на Землю охранять жизнь и покой человека, любить бескорыстно и преданно. Говорят, Бог смотрит на людей глазами собак...

Мама, тёплая и ласковая, добрая и любимая! Жаль, что нельзя остаться маленьким и продлить счастливое детство на всю жизнь...

Но щенята подрастают и расставание неминуемо.

Когда на пороге появился его будущий хозяин, малыш сразу понял – он пришел за ним!

Радостно виляя маленьким обрубком хвостика, бросился встречать.

– Ну, здравствуй, моя собака! – улыбался человек, и щенок, открыв пасть, вывалив розовый язычок, пытался улыбнуться в ответ, с удовольствием подставлял животик для почесух.

– Замечательный малыш! Как же я мечтал о тебе!

Их совместная жизнь была наполнена нежным, солнечным, тёплым счастьем.

Запах, голос, улыбка и смех хозяина навсегда останутся в памяти пса, как и привычки, любимые игры, ласковые эпитеты...

– Какой же ты хороший мальчик! – говорил хозяин, умиляясь щенячьим шалостям.

Время летело незаметно, песик рос стремительно, и к четырехмесячному возрасту его высота в холке составляла почти пятьдесят сантиметров...

– Весной пойдем на выставку молодняка – надо обязательно показать всем, какие мы красивые! – расчесывал своего питомца хозяин, – а летом отправимся на дачу!

Дни тянулись в томительном ожидании прихода любимого человека с работы.

Щенок долгое время смотрел в окно, потом засыпал на коврике, рядом с кроватью, уткнув нос в хозяйские тапочки. Ощущая запах родного человека, малыш не чувствовал себя одиноким.

Но однажды хозяин не вернулся. Не пришел и на следующий день. Щенок выл от тоски и горя, ибо знал, не увидит он никогда родное лицо.

Вечером следующего дня пришли люди – родственники, с которыми малыш встречался лишь однажды.

– Надо решить, куда собаку девать, – женщина деловито оглядывала комнаты, – ни к чему она нам... похороны, поминки...

– Сейчас прям и решим! – пристегнув поводок к ошейнику щенка, ответил её супруг.

Малыш упирался, скользил животом по полу ... но, его силой вытащили из дома, запихнули в машину, отвезли в лес.

И теперь, он один, на безлюдной дороге, вдали от человеческого жилья.

Усталость взяла свое – щенок прилег на обочине. Крупные снежинки падали на его шкуру, и постепенно он превращался в сугроб. Под снежным одеялом было уютно, малыш немного успокоился, задремал.

И во сне, как на последней прогулке, он нырял в сугроб, зарывался мордочкой в чистый снег, а потом бежал навстречу человеку, прыгал на грудь, пытаясь расцеловать дорогое лицо, лизнуть ладонь.

– Проснись, нельзя спать, замерзнешь, вставай! – услышал он вдруг голос хозяина и резко очнулся.

Шатаясь от голода и усталости, пес шел без сна двое суток, пока не упал, обессиленный, рядом с чьей-то калиткой.

Очнулся в незнакомом сарае. На шее тяжелая, короткая цепь...

Так, в самом нежном возрасте, вопреки своему желанию, он был определен в охранники частного деревенского дома.

Люди, подобравшие щенка, хотели иметь злую собаку. И, дабы воспитать в нем агрессию, били, не кормили сутками.

Он же мечтал об играх и ласках, которые уже успел познать...

У него чесались зубы, и за погрызенные доски вольера его жестоко наказывали.

Но все равно пёс не смог превратиться в дикого зверя, поскольку знал: на свете между человеком и собакой существуют любовь и дружба.

И только любимым людям он готов был служить преданно, беззаветно.

Вскоре, новые владельцы избавились от него, как «непригодного»: отдали на «службу» – охранять торговую базу.

День и ночь он сидел на короткой цепи, злобно лаял на посетителей, демонстрируя готовность разодрать на части всех воров и бандитов.

В любую погоду: под знойным солнцем, проливным дождем, при ураганном ветре.

Осенними ночами примерзал шкурой к луже, которой приходилось спать.

У него размок и развалился ошейник, но никто не пожелал купить новый. Шею просто обмотали тяжелой цепью, сделав из неё удавку.

Его часто забывали кормить, а когда база закрывалась на выходные, приходилось голодать несколько суток.

В жаркие дни страдал от жажды – миска редко наполнялась водой...

Но все это пёс мог бы простить, если хотя бы один раз, кто-нибудь из людей, чье имущество он охранял, приласкал бы его. Но, почти в каждом, проходящим мимо, он видел человека, чьей жизненной целью были лишь деньги. Не люди – ходячие калькуляторы, с душой, закрытой для любви.

Несколько лет алабай был узником на цепи, охранявшим вход. Десять шагов в одну сторону, десять в другую... Дни тянулись бесконечной, безрадостной чередой.

Цепь постепенно врастала в шею, душила, и никому в голову не пришло её ослабить – его громкий лай, становился все более хриплым.

Когда-то веселый, восторженный щенок превратился в медлительного и безразличного ко всему, пса,

Скорее всего, он так бы и умер, задохнувшись на цепи-удавке, если бы однажды не появился на базе новый работник. Он подметал двор, и часто поглядывал на собаку.

– Хороший мальчик! – оценил его дворник. Услышав знакомые слова, пёс поднял голову.

– У меня на родине был волкодав, – рассказывал дворник, – помогал отару пасти. Умер, и отары больше нет. Возьми, – протянул он собаке бутерброд, – худоват ты, что-то...

С того дня, у алабая стал просыпаться интерес к жизни. Работник появлялся на базе не каждый день – иногда несколько дней отсутствовал, и тогда жизнь опять казалась псу скучной, безрадостной.

Внимание дворника было единственным светом и теплом, озарившим его мучительную, безрадостную, опостылевшую жизнь.

Как-то днем, недалеко от входа на базу, алабай заметил наблюдавшего за ним человека, и сразу, инстинктивно, почувствовал опасность.

Если большинство людей к нему были равнодушны, этот – боялся и ненавидел...

Утром незнакомец появился снова, подошел к дворнику.

– Дай это собаке, – протянул он кулек со съестным.

– Зачем? – дворник отшатнулся.

– Будешь вопросы задавать – долго жить не будешь!

Дворник нерешительно подошел к собаке, положил кусок колбасы, внимательно посмотрел в глаза.

Пёс понюхал, и есть не стал...

– Он сыт, потом съест, – взяв в руки метлу, дворник отошел.

– Хорошо, я подожду, – прошептал человек и попытался приблизиться к собаке.

Едва он сделал шаг вперед, пёс угрожающе зарычал.

– У, Шайтан! – с воплем бросился прочь незнакомец.

Дворник задержался на работе допоздна. И когда совсем стемнело, подошел к алабаю:

– Отравить хотят, смерть твоя нужна кому-то, я даже догадываюсь, зачем...

Человеку тому скажу – умер, мол, похоронил! Только уходи отсюда подальше!

Дворник отцепил карабин, и ужаснулся – цепь вросла собаке в шею.

Отдирать не решился – просто перекусил цепь кусачками.

– Уходи отсюда! Пошел! Беги!

И алабай понял...

Медленно перебирая лапами, пёс побрел вдоль трассы. За несколько лет жизни на привязи, он почти разучился ходить, быстро уставал, часто ложился.

Он вновь шел по дороге, как несколько лет назад, щенком, но теперь, это был уже крупный, статный пёс.

И, даже несмотря на неухоженность, свалявшуюся, грязную шерсть, гордая осанка великана должна была бы вызывать восхищение. Но люди, в страхе, шарахались от него.

Пищу он находил рядом с придорожными кафе в кустах и урнах. Спал, где придется – там, где заставала его безмерная усталость.

Мимо пролетали машины. Однажды, рядом притормозил большой черный джип. Раздались выстрелы. Пес взвизгнул, свалился в канаву, а машина помчалась дальше под радостный гогот мужиков. Пуля лишь слегка задела лапу, но крови было много...

Устроившись в кустах, пёс долго зализывал рану. За что?

Не знал он, что человек – единственное разумное животное, которое убивает ради удовольствия.

Рана воспалилась, пёс с трудом опирался на лапу, хромал, его бил озноб, и очень хотелось спать.

Он шел уже много дней, куда и зачем, не знал, шел бесцельно, страдал от одиночества и все чаще вспоминал своего хозяина, маму...

Как же ему вновь хотелось прижаться к её теплому телу, согреться, как в детстве, чувствуя себя в полной безопасности.

– Неужели мой хозяин был единственным добрым человеком на свете? – плакал он во сне, – нет... был ещё дворник, сейчас – вокруг лишь тьма...

Сон был прерван острой болью: навалившийся человек пытался перерезать собаке горло. Но, вросшая цепь спасла псу жизнь: нож, скользнув по железу, воткнулся в плечо. Алабай резко вскочил, сбросил с себя убийцу, грозно оскалился, и убийца бросился наутек.

– Надо вызвать ментов! Бешеная собака на заправке! Бросилась на меня, зверюга, огромная! – влетел он в придорожный магазинчик.

– Искусала! – размахивал руками, в крови алабая.

– Звоните в полицию!

– Бешеная? Закрыть двери! Никому не выходить! Вызываю наряд! – распорядился охранник.

Пёс, хромая, и оставляя за собой кровавые следы, двигался по обочине трассы,

С каждой минутой он все более слабел. Вместе с последними силами уходило желание жить, и только в глазах – немой вопрос: за что?

Если действительно Бог смотрит на людей глазами собак – почему этот мир до сих пор существует?

Где-то вдали взревела полицейская сирена.

И пёс решил не сопротивляться судьбе.

Метрах в пятидесяти от заправки, лег на обочину:

– Больше не могу – добейте!

И, когда рядом остановилась машина, вышли люди, пёс, готовый к самому худшему, прикрыл глаза.

– Что с ним? – услышал он женский голос, – отдыхает или машина сбила?

Женщина наклонилась и... неожиданно, погладила его большую, плюшевую голову.

Пёс удивленно открыл глаза. Сколько лет он не видел человеческой ласки!

Перед ним стояла молодая, хрупкая, бесстрашная женщина.

– Разрешишь посмотреть, что с тобой? Ты же хороший мальчик?

– Надо срочно ехать в клинику, иначе умрешь от потери крови! Пойдешь со мной, малыш!

И великан доверился сразу: поднялся, на дрожащих от слабости лапах, пошел к машине. Сил едва хватило, чтобы залезть на заднее сидение.

– Молодец, умница, будешь жить! – приговаривала женщина, помогая ему забраться в автомобиль.

Пса заботливо укутали шерстяным пледом, и он сразу погрузился в спокойный, глубокий сон – даже сирена полицейской машины, промчавшейся мимо, не смогла его разбудить.

ЖАННА ШВЫДКАЯ

Писатель, блогер. Проживает в Санкт-Петербурге, Россия. По образованию журналист и специалист по PR. Закончила Санкт-Петербургский государственный университет. Более двадцати лет работала в коммуникациях, способствовала развитию образования, науки и общественных организаций. Автор декалогии «Гравитация жизни», первые две книги которой стали финалистами и лауреатами литературных конкурсов в Германии, Великобритании и России. В настоящий момент работает над третьей книгой декалогии. Развивает авторский канал «Жанна Швыдкая» на Яндекс Дзен, где выходят ее рассказы, публицистические статьи и видеоролики. Именно здесь была впервые опубликована притча «Как порок и Совесть на человека поспорили». Заняла второе место на конкурсе «Открытая Евразия – 2020» в категории «Малая проза», получила приз зрительских симпатий. Для нее быть писателем означает искренность, позволяющая писать так, чтобы сердца отзывались. Это талант, способный рождать нечто новое и говорить о том, о чем не говорили ранее. Это внутренняя сила, помогающая вести в такие психологические глубины, заглянуть куда не каждый отважится. И, конечно, это труд – тяжелый каждодневный труд, оттачивающий перо писателя.

МЕТАМОРФОЗА
(ДЕКАЛОГИЯ «ГРАВИТАЦИЯ ЖИЗНИ»)
(отрывок из книги)

«В жизни случаются события, о которых потом совесть напоминает до конца дней, которые невозможно спрятать в дальний угол памяти и тяжесть которых неспособна облегчить ни одна исповедь. Словно булыжник, они вваливаются в душу, прогибают её до основания и, осев

на дне, давят пекущей горечью. Самое страшное – что когда приходит раскаяние, просить прощения бывает уже просто не у кого.

В первых числах марта тётя Женя позвонила моим родителям и попросила срочно приехать. Её беспокоило, что с момента второго непоступления за учебники я так и не садилась, тратя всё своё свободное время, а заодно и часть зарплаты, на Алексея. Мама приехала одна. Предугадывая тему разговора, я заранее ощетинилась, приготовив для обороны наполненные ядом колючки. Вскоре меня позвали на веранду. Тётя Женя грузно сидела на стуле у стола, мама прижалась к шкафу у входа, словно старалась спрятаться в нём от сложного разговора, а я с вызовом подпёрла дверной косяк, демонстративно скрестив руки на груди. Ехидно улыбнувшись, вполоборота посмотрела на весь этот «цирк», мысленно представив себя в непроницаемом коконе, от которого все адресованные мне слова отскакивают, словно от стены горох. Как я и предполагала, родственников беспокоили моё фанатичное увлечение Алексеем, мои религиозные искания, моё стремление жить именно так, как я жила. Когда наступала моя очередь отвечать, я, словно заевшая грампластинка, повторяла одну и ту же фразу о том, что со мной всё в полном порядке, что я не пью, не курю, наркотики не употребляю, а то, с кем я встречаюсь, – моё личное дело, и вмешиваться в свою жизнь никому не позволю. Запоздалое юношеское бунтарство, подавляемое прежде родителями, нашло наконец выход наружу, выплеснувшись, словно перезревший прыщ, застаревшим гноем. Свой ответ на вопрос: «Тварь ли я дрожащая или право имею?»[4] моё окрепшее «Я» уже нашло, только, в отличие от героя Достоевского, мой внутренний Раскольников противопоставлял себя не высшим мира сего, имеющим иные, нежели обычные люди, права в обществе, а собственным родителям, точно так же наделённым правами «необыкновенных» по отношению к собственному ребёнку). И если в детстве фраза отца: «Пока ты ешь мой хлеб / живёшь в моём доме – будешь делать то, что я тебе сказал» помогала родителям удерживать контроль над ребенком, ловко манипулируя и контролируя его «Я», то как только ребёнок обретает самостоятельность, он первым делом избавляется от родительской воли. Чем сильнее ребёнок ощущал

---

4   Цитата из романа Ф.М. Достоевского «Преступление и наказание» (1866).

подавление личности в детстве, тем радикальнее может оказаться его реакция в будущем, вплоть до стремления совершать поступки, противоположные тому, чему учили родители. Вот и теперь вместо тихой, послушной, ласковой девочки на веранде стояло чудовище, выпускающее ядовитые колючки в собственную мать.

Мама плакала. Всхлипывая, она всё повторяла, что не чужой мне человек и хочет только добра. Её плечи вздрагивали, голос дрожал. В следующий момент её нервная система дала сбой – мама начала задыхаться и схватилась за грудь. Я оставалась безучастной. Ни одна эмоция не пробилась сквозь каменную маску на моём лице, хотя сердце сочилось жалостью. Я любила маму, любила так, как любит дитя мать. Но, как взрослый человек, я видела, что мама опять не на моей стороне. Я вспомнила, как в детском саду нашла на площадке золотое кольцо и воспитательница его у меня украла, сказав маме, что я всё придумала. Вспомнила, что мама поверила ей, а не мне, вспомнила, как, схватившись за подол маминого платья, я теребила его, пытаясь найти у неё поддержку, но она уже рассматривала мою аппликацию. Вспомнила детское чувство обиды и несправедливости, поселившееся тогда в моём сердце и ожившее здесь, на веранде: самый родной человек снова был не на моей стороне.

Я так нуждалась в её поддержке! Мне так хотелось услышать, что я имею право сделать собственный выбор, и неважно какой, главное, что он мой, но этого не произошло. Выступив объединённым фронтом с тётей Женей, мама, несомненно, хотела своему ребёнку добра, только мне надо было не это: как и в детстве, мне нужна была её поддержка и любовь. Вылив свою желчь и злобу, я убежала в комнату и, громко хлопнув дверью, уткнулась в подушку. Я рыдала от обиды, от жалости к себе, и в тот самый момент поняла, что никому, кроме Алексея, в этом мире я не нужна. Слышно было, как заохала тётя Женя, как потом побежала на кухню за водой и в доме запахло валерианой. Она что-то говорила маме, махала на неё газетой, успокаивала, но мама, похоже, была в крайне сложном состоянии. Придя в себя, она молча оделась и тихо ушла…».

ЛИДИЯ ЭММАНУИЛОВА

Родилась 18 ноября 1956 года в городе Махачкале, Республика Дагестан (Россия), в еврейской семье. Окончила Дагестанский государственный университет по специальности «филолог, преподаватель». Работала учителем русского языка и литературы. Стихи и прозу писала с детства. В 1996 году репатриировалась вместе с супругом и четырьмя детьми в Израиль. Является членом Союза русскоязычных писателей Израиля. Поэт, прозаик, журналист Московского интернет-портала, поэт-песенник, автор текста прогремевшего на весь мир «Гимна Бессмертного полка» (композитор Хирш Зилбер). Печаталась, как один из авторов, в четырех литературных сборниках (один из них интернет-сборник). Первая личная ласточка – книга прозы, публицистики и стихов – «Торжество жизни», Израиль, 2021 год.

ГОЛУБОК И БЕЛОЧКА

Вот интересно, со дня создания Всевышним нашей Земли, существовал ли или был отмечен когда-либо факт брачного союза голубка и белочки? А вот горячечный мозг моего благоверного уже явил миру эту картинку, в нем эта парочка уже скрестилась и воюет между собой. В принципе, возможно все! Да, да, я уже ничему не удивляюсь, я больна, я тяжело больна, моё сознание затуманено, оно тупо воспринимает действительность или уже не воспринимает ничего, я – не знаю!!!

В тот час, в ту минуту, в ту секунду, когда мы оба, в смирительных рубашках, предстанем пред грозны очи врача наркологического диспансера, нет, скорее всего психиатрической больницы, у него будет полное право принять туда сразу двух пациентов. А что, разве я подлая какая-нибудь?! И в горе, и в радости с мужем, амен!

– Послушайте, доктор, мы не сумасшедшие, мы расскажем вам все по порядочку. Ведь мы оба видели одно и то же. Мой супруг, после месячного запоя, уже третий день не пьёт, а я никогда не брала в рот спиртного. Это произошло на пятнадцатый день после того, как он запил: в окно залетел голубь и начал биться о стены и потолок, запаниковал, бедняжечка, что не может вылететь из жилого помещения. Я сильно испугалась за мужа, за себя, за дочку и муж, сквозь пьяный бред, тоже начал кричать, что голубь может выклевать кому-то из нас глаза. Я тогда ещё подумала, что это же не ворон, а голубь мира?! А впрочем, сейчас он загнан, напуган и, наверное, может произойти все, что угодно. Как и со мной, и с доченькой. Долго ли мы на этот раз выдержим запой главы семьи или того, что от этого главы, осталось. Я побежала за соседом Семеном, пожилым, но ещё довольно бодрым человеком, живущим с нами на одной лестничной клетке. «Зоечка, позови скорее Семена, к нам залетел домой голубь и мечется бедный, не получается у него вылететь из квартиры!» – «Ой, жеш ты, Г-споди, пару минут, Людочка!». Он переодевается, только вернулся с рынка, ходил за продуктами, завтра же шаббат! Я с нетерпением жду, пока муж Зои переоденется, и думаю, неужели шаббат, а я ничего вкусненького не приготовила, почти потеряла счёт ночам и дням. Наконец-то сосед вышел из своей комнаты, и мы вместе вернулись в мою квартиру. Картина, представшая перед нашими глазами, была неприятной, даже страшноватой: мой супруг стоял на раскачивающихся ногах со шваброй в руках, с обезумевшими глазами, а на полу, у его ног, валялся мёртвый голубь. Дочери в комнате не было, видимо, забилась в свою комнатку от страха и боится выйти. Из кухни приношу соседу новый полиэтиленовый пакет, прошу вложить в него трупик голубя, а сама бегу приласкать и успокоить девочку. «Мммама, голубь живой?» – «Да, да, доченька, конечно живой, дядя Семен открыл пошире окно и выпустил его, все хорошо моё солнышко!» Выходим в гостиную, догадливый сосед уже ушёл, прихватив пакет с мертвым голубем, которого символом мира уже никак не назовешь.

Я расскажу ещё доктору, что через месяц запоя, муж, не только не забыл об этом инциденте, но и через пару дней после прекращения пьянки, опять воочию увидел в доме этого голубя. Увидел его летающего живым и невредимым по квартире, явно рассмотрел его в моём и дочкином взгля-

де, особенно, когда мы, по естественной, природной необходимости, моргали. «Прочь отсюда, голубка гребанная, – кричит он на меня.

– Перестань моргать на меня своими зенками! Я не человек, если сейчас, немедленно все это не прекращу! Неси сюда швабру, быстро! Я болею, у меня нет сил подняться, меня никто не кормит в этом доме, да ещё голубей напустили, окна некогда вам, лентяйкам паршивым, закрыть!!!»

– Доктор, родненький, уложите меня вместе с мужем к вам, в больницу, я не могу уже много дней, не помню сколько, поспать дома, а Вы, или ваши сестрички, пока поухаживайте за этим несчастным, я заплачу, сколько надо, только не обижайте его, он до запоев был неплохим мужем. Всегда поил и кормил нас, держал холодильник в доме улыбающимся, он ни в чем не виноват, это все его друзья подсадили его на алкоголь.

Из фантазий меня выводит соседка Зоечка, она пришла, как будто бы, за солью: «Дура ты, Людка, белочка у него, береги себя и дочурку; вон в доме, что напротив, пьяный мужик прибил свою супружницу…»

CPSIA information can be obtained
at www.ICGtesting.com
Printed in the USA
LVHW012111020122
707649LV00001B/71